Editionen für den Literaturunterricht
Herausgegeben von Thomas Kopfermann

Lyrik der Romantik

mit Materialien, ausgewählt von
Joachim Bark und Thomas Kopfermann

Ernst Klett Verlag
Stuttgart · Leipzig

Die Fußnoten wurden von den Bearbeitern zur besseren Verständlichkeit der Texte eingesetzt.

1. Auflage 1 5 4 3 2 1 | 2011 2010 2009 2008 2007

Alle Drucke dieser Ausgabe sind untereinander unverändert und können im Unterricht nebeneinander benutzt werden. Die letzte Zahl bezeichnet das Jahr dieses Druckes.

Die Texte folgen der reformierten Rechtschreibung. Ausnahmen bilden Texte, bei denen künstlerische, philologische oder lizenzrechtliche Gründe einer Änderung entgegenstehen.

Internetadresse: www.klett.de

Redaktion: Ursula Schwarz
Herstellung: Dea Hädicke
Satz: 2 women production, Brigitte Köhler, Taucha
Umschlaggestaltung: Sandra Schneider nach Entwürfen von MetaDesign, Berlin
Umschlagfoto: Visum (Oliver Jaeckel/buchcover.com), Hamburg
Druck: Ludwig Auer GmbH, Donauwörth

Printed in Germany

ISBN 978-3-12-352425-7

9 783123 524257

Inhaltsverzeichnis

I Zugänge

Caspar David Friedrich (1774–1840): Der Wanderer über dem Nebelmeer, um 1818, Öl auf Leinwand

Joseph von Eichendorff
Aus dem Leben eines Taugenichts

Erstes Kapitel

Das Rad an meines Vaters Mühle brauste und rauschte schon wieder recht lustig, der Schnee tröpfelte emsig vom Dache, die Sperlinge zwitscherten und tummelten sich dazwischen; ich saß auf der Türschwelle und wischte mir den Schlaf aus den Augen, mir war so recht wohl in dem warmen Sonnenscheine. Da trat der Vater aus dem Hause; er hatte schon seit Tagesanbruch in der Mühle rumort und die Schlafmütze schief auf dem Kopfe, der sagte zu mir: »Du Taugenichts! da sonnst du dich schon wieder und dehnst und reckst dir die Knochen müde, und lässt mich alle Arbeit allein tun. Ich kann dich hier nicht länger füttern. Der Frühling ist vor der Türe, geh auch einmal hinaus in die Welt und erwirb dir selber dein Brot.« – »Nun«, sagte ich, »wenn ich ein Taugenichts bin, so ist's gut, so will ich in die Welt gehen und mein Glück machen.« Und eigentlich war mir das recht lieb, denn es war mir kurz vorher selber eingefallen, auf Reisen zu gehn, da ich den Goldammer, der im Herbst und Winter immer betrübt an unserm Fenster sang: »Bauer, miet' mich, Bauer miet mich!« nun in der schönen Frühlingszeit wieder ganz stolz und lustig vom Baume rufen hörte: »Bauer, behalt deinen Dienst!« – Ich ging also in das Haus hinein und holte meine Geige, die ich recht artig spielte, von der Wand, mein Vater gab mir noch einige Groschen Geld mit auf den Weg, und so schlenderte ich durch das lange Dorf hinaus. Ich hatte recht meine heimliche Freud', als ich da alle meine alten Bekannten und Kameraden rechts und links, wie gestern und vorgestern und immerdar, zur Arbeit hinausziehen, graben und pflügen sah, während ich so in die freie Welt hinausstrich. Ich rief den armen Leuten nach allen Seiten recht stolz und zufrieden Adjes zu, aber es kümmerte sich eben keiner sehr darum. Mir war es wie ein ewiger Sonntag im Gemüte. Und als ich endlich ins freie Feld hinaus kam, da nahm ich meine liebe Geige vor, und spielte und sang, auf der Landstraße fortgehend:

Wem Gott will rechte Gunst erweisen,
Den schickt er in die weite Welt,

Dem will er seine Wunder weisen
In Feld und Wald und Strom und Feld.

Die Trägen, die zu Hause liegen,
Erquicket nicht das Morgenrot,
Sie wissen nur vom Kinderwiegen
Von Sorgen, Last und Not um Brot.

Die Bächlein von den Bergen springen,
Die Lerchen schwirren hoch vor Lust,
Was sollt' ich nicht mit ihnen singen
Aus voller Kehl' und frischer Brust?

Den lieben Gott lass ich nur walten;
Der Bächlein, Lerchen, Wald und Feld
Und Erd' und Himmel will erhalten,
Hat auch mein' Sach' auf's Best' bestellt!

Indem wie ich mich so umsehe, kömmt ein köstlicher Reisewagen ganz nahe an mich heran, der mochte wohl schon einige Zeit hinter mir drein gefahren sein, ohne dass ich es merkte, weil mein Herz so voller Klang war, denn es ging ganz langsam, und zwei vornehme Damen steckten die Köpfe aus dem Wagen und hörten mir zu. Die eine war besonders schön und jünger als die andere, aber eigentlich gefielen sie mir alle beide. Als ich nun aufhörte zu singen, ließ die Ältere stillhalten und redete mich holdselig an: »Ei, lustiger Gesell, Er weiß ja recht hübsche Lieder zu singen.« Ich nicht zu faul dagegen: »Ew. Gnaden aufzuwarten, wüsst' ich noch viel schönere.« Darauf fragte sie mich wieder: »Wohin wandert er denn schon so am frühen Morgen?« Da schämte ich mich, dass ich das selber nicht wusste, und sagte dreist: »Nach W.«; nun sprachen beide miteinander in einer fremden Sprache, die ich nicht verstand. Die Jüngere schüttelte einige Mal mit dem Kopfe, die andere lachte aber in einem fort und rief mir endlich zu: »Spring er nur hinten mit auf, wir fahren auch nach W.« Wer war froher als ich! Ich machte einen Reverenz und war mit einem Sprunge hinter dem Wagen, der Kutscher knallte und wir flogen über die glänzende Straße fort, dass mir der Wind am Hute pfiff. (...)
(1826)

Heinrich Heine
Die Harzreise

Schwarze Röcke, seidne Strümpfe,
Weiße, höfliche Manschetten,
Sanfte Reden, Embrassieren –
Ach, wenn sie nur Herzen hätten!

Herzen in der Brust und Liebe,
Warme Liebe in dem Herzen –
Ach, mich tötet ihr Gesinge
Von erlognen Liebesschmerzen.

Auf die Berge will ich steigen,
Wo die frommen Hütten stehen,
Wo die Brust sich frei erschließet
Und die freien Lüfte wehen.

Auf die Berge will ich steigen,
Wo die dunkeln Tannen ragen,
Bäche rauschen, Vögel singen
Und die stolzen Wolken jagen.

Lebet wohl, ihr glatten Säle,
Glatte Herren! Glatte Frauen!
Auf die Berge will ich steigen,
Lachend auf Euch niederschauen.

Die Stadt Göttingen, berühmt durch ihre Würste und Universität, gehört dem Könige von Hannover und enthält 999 Feuerstellen, diverse Kirchen, eine Entbindungsanstalt, eine Sternwarte, einen Karzer, eine Bibliothek und einen Ratskeller, wo das Bier sehr gut ist. Der vorbeifließende Bach heißt »die Leine« und dient des Sommers zum Baden; das Wasser ist sehr kalt und an einigen Orten so breit, dass Lüder[1] wirklich einen großen Anlauf nehmen musste, als er hinübersprang. Die Stadt selbst ist schön und gefällt einem am besten, wenn man sie mit dem Rücken ansieht. Sie muss schon sehr lange stehen; denn ich erinnere mich, als ich vor fünf Jahren dort immatrikuliert und bald darauf konsiliiert[2] wurde, hatte sie schon dasselbe graue, altkluge Ansehen und war schon vollständig eingerichtet mit Schnurren[3], Pudeln[4], Dissertationen, Teedansants[5], Wäscherinnen, Kompendien, Taubenbraten, Guelfenorden, Promotionskutschen, Pfeifenköpfen, Hofräten, Justizräten, Relegationsräten[6], Profaxen[7] und anderen Faxen. Einige behaupten sogar, die Stadt sei zur Zeit der Völkerwanderung erbaut worden, jeder deutsche Stamm habe damals ein ungebundenes Exemplar seiner Mitglieder darin zurückgelassen, und davon stammten all die Vandalen, Friesen, Schwaben, Teutonen, Sachsen, Thüringer usw., die noch heutzutage in Göttingen, hordenweis und geschieden durch Farben der Mützen und der Pfeifenquäste, über die Weenderstraße einherziehen, auf den blutigen Walstätten der Rasenmühle, des Ritschenkrugs und Bovdens sich ewig untereinander herumschlagen, in Sitten und Gebräuchen noch immer wie zur Zeit der Völkerwanderung dahinleben und teils durch ihre Duces, welche Haupthähne heißen, teils durch ihr uraltes Gesetzbuch, welches Comment[8] heißt und in den legibus barbarorum[9] eine Stelle verdient, regiert werden. (...)

(1826)

1 Wilhelm Lüder, wegen seiner Körperkräfte berühmter Studiengenosse Heines.
2 Lat. von der Universität verwiesen.
3 Studentisch für Nachtwächter.
4 Studentisch für Pedelle, Hausmeister.
5 Frz. Tanztee.
6 Neubildung aus Legationsrat und Relegation (lat. Verweisung von der Universität).
7 Neubildung aus Professoren und Faxen (Diener einer schlagenden Verbindung).
8 Regelbuch studentischen Verhaltens.
9 Hier: im Regelbuch der schlagenden Verbindungen.

II »Oh Wandern, Wandern meine Lust« – Sehnsucht nach Italien

Justinus Kerner

Wanderlied

Wohlauf! noch getrunken
Den funkelnden Wein!
Ade nun ihr Lieben!
Geschieden muss sein.
Ade nun ihr Berge,
Du väterlich Haus!
Es treibt in die Ferne
Mich mächtig hinaus.

Die Sonne, sie bleibet
Am Himmel nicht stehn,
Es treibt sie, durch Länder
Und Meere zu gehn.
Die Woge nicht haftet
Am einsamen Strand,
Die Stürme, sie brausen
Mit Macht durch das Land.

Mit eilenden Wolken
Der Vogel dort zieht,
Und singt in der Ferne
Ein heimatlich Lied.
So treibt es den Burschen
Durch Wälder und Feld,
Zu gleichen der Mutter,
Der wandernden Welt.

Da grüßen ihn Vögel
Bekannt überm Meer,
Sie flogen von Fluren
Der Heimat hieher,

Da duften die Blumen
Vertraulich um ihn,
Sie trieben vom Lande
Die Lüfte dahin.

Die Vögel, die kennen
Sein väterlich Haus,
Die Blumen einst pflanzt' er
Der Liebe zum Strauß.
Und Liebe, die folgt ihm,
Sie geht ihm zur Hand;
So wird ihm zur Heimat
Das ferneste Land.
(1812)

Joseph von Eichendorff

Frische Fahrt

Laue Luft kommt blau geflossen,
Frühling, Frühling soll es sein!
Waldwärts Hörnerklang geschossen,
Mut'ger Augen lichter Schein;
Und das Wirren bunt und bunter
Wird ein magisch wilder Fluss,
In die schöne Welt hinunter
Lockt dich dieses Stromes Gruß.

Und ich mag mich nicht bewahren!
Weit von euch treibt mich der Wind,
Auf dem Strome will ich fahren,
Von dem Glanze selig blind!
Tausend Stimmen lockend schlagen,
Hoch Aurora[1] flammend weht,
Fahre zu! Ich mag nicht fragen,
wo die Fahrt zu Ende geht!
(1815)

1 Römische Göttin der Morgenröte.

Joseph von Eichendorff

Frühlingsfahrt

Es zogen zwei rüst'ge Gesellen
Zum ersten Mal von Haus,
So jubelnd recht in die hellen,
Klingenden, singenden Wellen
Des vollen Frühlings hinaus.

Die strebten nach hohen Dingen,
Die wollten, trotz Lust und Schmerz,
Was Recht's in der Welt vollbringen,
Und wem sie vorübergingen,
Dem lachten Sinnen und Herz. –

Der Erste, der fand ein Liebchen,
Die Schwieger kauft' Hof und Haus;
Der wiegte gar bald ein Bübchen,
Und sah aus heimlichem Stübchen
Behaglich ins Feld hinaus.

Dem Zweiten sangen und logen
Die tausend Stimmen im Grund,
Verlockend' Sirenen, und zogen
Ihn in der buhlenden Wogen
Farbig klingenden Schlund.

Und wie er auftaucht' vom Schlunde,
Da war er müde und alt,
Sein Schifflein, das lag im Grunde,
So still war's rings in die Runde
Und über die Wasser weht's kalt.

Es singen und klingen die Wellen
Des Frühlings wohl über mir;
Und seh ich so kecke Gesellen;
Die Tränen im Auge mir schwellen –
Ach Gott, führ' uns liebreich zu Dir!
(1818)

Joseph von Eichendorff
Sehnsucht

Es schienen so golden die Sterne,
Am Fenster ich einsam stand
Und hörte aus weiter Ferne
Ein Posthorn im stillen Land.
Das Herz mir im Leib entbrennte,
Da hab' ich mir heimlich gedacht:
Ach, wer da mitreisen könnte
In der prächtigen Sommernacht!

Zwei junge Gesellen gingen
Vorüber am Bergeshang,
Ich hörte im Wandern sie singen
Die stille Gegend entlang:
Von schwindelnden Felsenschlüften,
Wo die Wälder rauschen so sacht,
Von Quellen, die von den Klüften
Sich stürzen in die Waldesnacht.

Sie sangen von Marmorbildern,
Von Gärten, die überm Gestein
In dämmernden Lauben verwildern,
Palästen im Mondenschein,
Wo die Mädchen am Fenster lauschen,
Wann der Lauten Klang erwacht
Und die Brunnen verschlafen rauschen
In der prächtigen Sommernacht. –
(1834)

Ludwig Tieck

Sehnen nach Italien

Soll ich in mir selbst verschmachten,
Und in Liebe ganz vergehn?
Wird das Schicksal mein nicht achten,
Dieses Sinnen, dieses Trachten
Immer unerhörend sehn?

Bin ich denn so ganz verloren,
Den Verstoßnen zugereiht?
O beglückt, wer auserkoren,
Für die Künste nur geboren,
Ihnen Herz und Leben weiht!

Ach mein Glück liegt wohl noch ferne,
Kommt noch lange mir nicht nah!
Freilich zweifelt' ich so gerne, –
Doch noch oft drehn sich die Sterne, –
Endlich, endlich ist es da!

Dann ohne Säumen,
Nach langen Träumen,
Nach tiefer Ruh,
Durch Wies' und Wälder,
Durch blüh'nde Felder
Der Heimat zu!
Mir dann entgegen
Fliegen mit Segen
Genien, bekränzt,
Strahlen-umglänzt:
Sie führen den Müden
Dem süßen Frieden,
Den Freuden, der Ruh,
Der Kunstheimat zu!
(1797)

Joseph von Eichendorff

Täuschung

Ich ruhte aus vom Wandern,
Der Mond ging eben auf,
Da sah ich fern im Lande
Der[1] alten Tiber Lauf,
Im Walde lagen Trümmer,
Paläste auf stillen Höhn
Und Gärten im Mondesschimmer –
O Welschland, wie bist du schön!

Und als die Nacht vergangen,
Die Erde blitzte so weit,
Einen Hirten sah ich hangen
Am Fels in der Einsamkeit.
Den fragt ich ganz geblendet:
Komm ich nach Rom noch heut?
Er dehnt' sich halbgewendet:
Ihr seid nicht recht gescheut!
Eine Winzerin lacht' herüber,
Man sah sie vor Weinlaub kaum,
Mir aber gings Herze über –
Es war ja alles nur Traum.
(1837)

1 Eichendorff verwendete offenbar die weibliche Form für Flüsse – die Tiber.

August Graf von Platen

Sonette aus Venedig I

Mein Auge ließ das hohe Meer zurücke,
Als aus der Flut Palladios[1] Tempel stiegen,
An deren Staffeln sich die Wellen schmiegen,
Die uns getragen ohne Falsch und Tücke.

Wir landen an, wir danken es dem Glücke,
Und die Lagune scheint zurückzufliegen,
Der Dogen alte Säulengänge liegen
Vor uns gigantisch mit der Seufzerbrücke.

Venedigs Löwen, sonst Venedigs Wonne,
Mit ehrnen Flügeln sehen wir ihn ragen
Auf seiner kolossalischen Colonne[2].

Ich steig' ans Land, nicht ohne Furcht und Zagen,
Da glänzt der Markusplatz im Licht der Sonne:
Soll ich ihn wirklich zu betreten wagen?
(1825)

1 Andrea Palladio (1508–1580), bekannter italienischer Architekt der Hochrenaissance.
2 Säule.

Heinrich Heine

Neuer Frühling XLXX

Himmel grau und wochentäglich!
Auch die Stadt ist noch dieselbe!
Und noch immer blöd und kläglich
Spiegelt sie sich in der Elbe.

Lange Nasen, noch langweilig
Werden sie wie sonst geschneuzet,
Und das duckt sich noch scheinheilig,
Oder bläht sich, stolz gespreizet.

Schöner Süden! wie verehr ich
Deinen Himmel, deine Götter,
Seit ich diesen Menschenkehricht
Wiederseh, und dieses Wetter!
(1829)

III »Wenige wissen« – Religiöse Lyrik

Novalis
Hymne

Wenige wissen
Das Geheimnis der Liebe,
Fühlen Unersättlichkeit
Und ewigen Durst.
Des Abendmahls
Göttliche Bedeutung
Ist den irdischen Sinnen Rätsel;
Aber wer jemals
Von heißen, geliebten Lippen
Atem des Lebens sog,
Wem heilige Glut
In zitternde Wellen das Herz schmolz,
Wem das Auge aufging,
Dass er des Himmels
Unergründliche Tiefe maß,
Wird essen von seinem Leibe
Und trinken von seinem Blute
Ewiglich.
Wer hat des irdischen Leibes
Hohen Sinn erraten?
Wer kann sagen,
Dass er das Blut versteht?
Einst ist alles Leib,
Ein Leib,
In himmlischem Blute
Schwimmt das selige Paar. –
O! dass das Weltmeer
Schon errötete,
Und in duftiges Fleisch
Aufquölle der Fels!
Nie endet das süße Mahl,
Nie sättigt die Liebe sich.

Nicht innig, nicht eigen genug
Kann sie haben den Geliebten.
Von immer zärteren Lippen
Verwandelt wird das Genossene
Inniglicher und näher.
Heißere Wollust
Durchbebt die Seele.
Durstiger und hungriger
Wird das Herz:
Und so währet der Liebe Genuss
Von Ewigkeit zu Ewigkeit.
Hätten die Nüchternen
Einmal gekostet,
Alles verließen sie,
Und setzten sich zu uns
An den Tisch der Sehnsucht,
Der nie leer wird.
Sie erkennten der Liebe
Unendliche Fülle,
Und priesen die Nahrung
Von Leib und Blut.
(1802)

August Wilhelm Schlegel

Toten-Opfer

I.

Sinnesänderung

Ich wollte dieses Leben
Durch ein unendlich Streben
Zur Ewigkeit erhöhn.
Ich fragte nicht nach drüben,
Mein Hoffen und mein Lieben
War mir hienieden schön.

Was die Natur gewoben,
Was Menschen drauf erhoben,
Verband mir Poesie.
So wähnt' ich klar zu lösen
Das Gute samt dem Bösen
Zu hoher Harmonie.

Was plötzlich abgebrochen,
War dennoch ausgesprochen
Dem ordnenden Gefühl:
Ein Lied war mir die Jugend,
Der Fall der Heldentugend
Ein göttlich Trauerspiel.

Doch bald ist mir zerronnen
Der Mut, so dies begonnen,
Die Gnügsamkeit in Dunst.
Gefesselt vom Verhängnis
Im irdischen Gefängnis:
Was hilft mir weise Kunst?

Die Rose, kaum entfaltet,
Doch süßer mir gestaltet
Als aller Schmuck der Welt,
Die hat ein Wurm gestochen,

Die hat der Tod gebrochen,
Die hat der Sturm gefällt.

Nun schau' ich zu den Sternen,
Zu jenen ew'gen Fernen,
Wie tief aus öder Kluft;
Und, ihre blauen Augen
Dem Himmel zu entsaugen,
Küss' ich die leere Luft.

O, werde mein Orakel,
Du, die du ohne Makel
Der falschen Welt entflohst!
Sieh mich in meiner Demut
Und hauch' in meine Wehmut
Der zarten Liebe Trost.

Wenn dort die Ros' erblühte,
So sei die heil'ge Güte
Endlos gebenedeit.
Zwar sehnlich werd' ich schmachten,
Doch nicht vermessen trachten
Aus dieser Sterblichkeit.

Wo ich mich wiederfinde
Bei meinem süßen Kinde,
Muss Heil sein, Wonn' und Licht.
Sie wird, wenn meiner Zungen
Der Klage Laut verklungen,
Mein himmlisches Gedicht.

Den strahlenden Karfunkel
Nahm ich in grausem Dunkel
Der Schlange Tod vom Haupt,
Ich will ihn bei mir tragen,
In allen Lebenstagen
Wird er mir nie geraubt.
(1802)

Bonaventura

Lied

In meines Herzens Grunde,
Du heller Edelstein,
Funkelt all' Zeit und Stunde
Nur deines Namens Schein.
Erfreuest mich im Bilde
Mit Spiel und leichtem Scherz,
Rührend so süß als milde
Mir an das wilde Herz.

Über Berge seh' ich ziehen
Dein jugendlich' Gestalt,
Doch, wie die Wolken fliehen,
Das Bild vorüberwallt;
Es führt mich fort durch Wiesen
Weit ab in Tales Grund,
Doch wenn ich's will genießen,
Zerfließet es zur Stund.

Ich will dich nicht umfassen,
Nur fliehe nicht von mir.
Das Bild kann ich nicht lassen,
Noch lässt es auch von mir.
Bei dir nur ist gut wohnen,
Drum ziehe mich zu dir.
Endlich muss sich doch lohnen
Schmerz, Sehnsucht und Begier.

Bringt jeder Tagesschimmer
Doch neuer Hoffnung Schein,
Und schreibt uns beid' noch immer
Ins Buch des Lebens ein.
Drum lass mich vor dir grünen,
Und leben froh und frei.
Gerne will ich dir dienen,
Dass treu dein Herze sei.
(1802)

Heinrich Heine

Neuer Frühling IX

»Im Anfang war die Nachtigall
Und sang das Wort: Zükühts! Zükühts!
Und wie sie sang, spross überall
Grüngras, Violen, Apfelblüt.

Sie biss sich in die Brust, da floss
Ihr rotes Blut, und aus dem Blut
Ein schöner Rosenbaum entspross;
Dem singt sie ihre Liebesglut.

Uns Vögel all in diesem Wald
Versöhnt das Blut aus jener Wund;
Doch wenn das Rosenlied verhallt,
Geht auch der ganze Wald zu Grund.«

So spricht zu seinem Spätzelein
Im Eichennest der alte Spatz;
Die Spätzin piepet manchmal drein,
Sie hockt auf ihrem Ehrenplatz.

Sie ist ein häuslich gutes Weib
Und brütet brav und schmollet nicht;
Der Alte gibt zum Zeitvertreib
Den Kindern Glaubensunterricht.

(1830)

IV »Rauscht die Erde wie in Träumen« – Nachtstücke

Clemens Brentano

Abendständchen

Hör', es klagt die Flöte wieder,
Und die kühlen Brunnen rauschen.
Golden wehn die Töne nieder,
Stille, stille, lass uns lauschen!

Holdes Bitten, mild Verlangen,
Wie es süß zum Herzen spricht!
Durch die Nacht, die mich umfangen,
Blickt zu mir der Töne Licht.
(1802)

Clemens Brentano

(Singet leise, leise, leise)

Singet leise, leise, leise,
Singt ein flüsternd Wiegenlied,
Von dem Monde lernt die Weise,
Der so still am Himmel zieht.

Singt ein Lied so süß gelinde,
Wie die Quellen auf den Kieseln,
Wie die Bienen um die Linde
Summen, murmeln, flüstern, rieseln.
(1812/1846)

Clemens Brentano

Hörst du, wie die Brunnen rauschen?

Hörst du wie die Brunnen rauschen?
Hörst du wie die Grille zirpt?
Stille, stille, lass uns lauschen,
Selig, wer in Träumen stirbt.
Selig, wen die Wolken wiegen,
Wem der Mond ein Schlaflied singt,
O wie selig kann der fliegen,
Dem der Traum den Flügel schwingt,
Dass an blauer Himmelsdecke
Sterne er wie Blumen pflückt:
Schlafe, träume, flieg', ich wecke
Bald dich auf und bin beglückt.
(1827)

Joseph von Eichendorff

(Schweigt der Menschen laute Lust)

Schweigt der Menschen laute Lust:
Rauscht die Erde wie in Träumen
Wunderbar mit allen Bäumen,
Was dem Herzen kaum bewusst,
Alte Zeiten, linde Trauer,
Und es schweifen leise Schauer
Wetterleuchtend durch die Brust.
(1826)

Novalis
Hymne an die Nacht II[1]

Muss immer der Morgen wiederkommen? Endet nie des Irdischen Gewalt? Unselige Geschäftigkeit verzehrt den himmlischen Anflug der Nacht. Wird nie der Liebe geheimes Opfer ewig brennen? Zugemessen ward dem Licht seine Zeit; aber zeitlos und raumlos ist der Nacht Herrschaft. – Ewig ist die Dauer des Schlafs. Heiliger Schlaf – beglücke zu selten nicht der Nacht Geweihte in diesem irdischen Tagewerk. Nur die Toren verkennen dich und wissen von keinem Schlafe, als dem Schatten, den du in jener Dämmerung der wahrhaftigen Nacht mitleidig auf uns wirfst. Sie fühlen dich nicht in der goldnen Flut der Trauben – in des Mandelbaums Wunderöl, und dem braunen Safte des Mohns. Sie wissen nicht, dass du es bist, der des zarten Mädchens Busen umschwebt und zum Himmel den Schoß macht – ahnden nicht, dass aus alten Geschichten du himmelöffnend entgegentrittst und den Schlüssel trägst zu den Wohnungen der Seligen, unendlicher Geheimnisse schweigender Bote.
(1800)

Novalis
Hymne an die Nacht II

Muss immer der Morgen
wiederkommen?
Endet nie des Irdischen Gewalt?
Unselige Geschäftigkeit verzehrt
den himmlischen Anflug der Nacht.
Wird nie der Liebe geheimes
Opfer
ewig brennen?
Zugemessen ward
dem Licht seine Zeit;

1 Die ›Hymne an die Nacht‹, die 1800 in der von Friedrich Wilhelm Schlegel herausgegebenen Zeitschrift »Athenäum« erschien, hatte Novalis in der handschriftlichen Fassung als Versfassung festgehalten.

aber zeitlos und raumlos ist der Nacht
Herrschaft. –
Ewig ist die Dauer des Schlafs.
Heiliger Schlaf –
beglücke zu selten nicht
der Nacht Geweihte
in diesem irdischen Tagewerk.
Nur die Toren verkennen dich
und wissen von keinem Schlafe,
als dem
Schatten,
den du
in jener Dämmerung
der wahrhaftigen Nacht
mitleidig auf uns wirfst.
Sie fühlen dich nicht
in der goldnen Flut der Trauben –
in des Mandelbaums
Wunderöl,
und dem braunen Saft des Mohns.
Sie wissen nicht,
dass du es bist
der des zarten Mädchens Busen umschwebt
und zum Himmel den Schoß
macht –
ahnden nicht,
dass aus alten Geschichten
du himmelöffnend entgegentrittst
und den Schlüssel trägst
zu den Wohnungen der Seligen,
unendlicher Geheimnisse
schweigender Bote.
(handschriftliche Fassung 1799/1800)

Clemens Brentano

(Sprich aus der Ferne)

Sprich aus der Ferne
Heimliche Welt,
Die sich so gerne
Zu mir gesellt.

Wenn das Abendrot niedergesunken,
Keine freudige Farbe mehr spricht,
Und die Kränze stillleuchtender Funken
Die Nacht um die schattigte Stirne flicht:

Wehet der Sterne
Heiliger Sinn
Leis' durch die Ferne
Bis zu mir hin.

Wenn des Mondes still lindernde Tränen
Lösen der Nächte verborgenes Weh;
Dann wehet Friede. In goldenen Kähnen
Schiffen die Geister im himmlischen See.

Glänzender Lieder
Klingender Lauf
Ringelt sich nieder,
Wallet hinauf.

Wenn der Mitternacht heiliges Grauen
Bang durch die dunklen Wälder hinschleicht,
Und die Büsche gar wundersam schauen,
Alles sich finster tiefsinnig bezeugt:

Wandelt im Dunkeln
Freundliches Spiel,
Still Lichter funkeln
Schimmerndes Ziel.

Alles ist freundlich wohlwollend verbunden,
Bietet sich tröstend und traurend die Hand,
Sind durch die Nächte die Lichter gewunden,
Alles ist ewig im Innern verwandt.

Sprich aus der Ferne
Heimliche Welt,
Die sich so gerne
Zu mir gesellt.
(1801)

Joseph von Eichendorff

Mondnacht

Es war, als hätt' der Himmel
Die Erde still geküsst,
Dass sie im Blütenschimmer
Von ihm nun träumen müsst'.

Die Luft ging durch die Felder,
Die Ähren wogten sacht,
Es rauschten leis die Wälder,
So sternklar war die Nacht.

Und meine Seele spannte
Weit ihre Flügel aus,
Flog durch die stillen Lande,
Als flöge sie nach Haus.
(1804)

Joseph von Eichendorff

Der Einsiedler

Komm, Trost der Welt, du stille Nacht!
Wie steigst du von den Bergen sacht,
Die Lüfte alle schlafen,
Ein Schiffer nur noch, wandermüd,
Singt übers Meer sein Abendlied
Zu Gottes Lob im Hafen.

Die Jahre wie die Wolken gehn
Und lassen mich hier einsam stehn,
Die Welt hat mich vergessen,
Da tratst du wunderbar zu mir,
Wenn ich beim Waldesrauschen hier
Gedankenvoll gesessen.

O Trost der Welt, du stille Nacht!
Der Tag hat mich so müd gemacht,
Das weite Meer schon dunkelt,
Lass ausruhn mich von Lust und Not,
Bis dass das ewge Morgenrot
Den stillen Wald durchfunkelt.
(1835)

Heinrich Heine

(Der Tod, das ist die kühle Nacht)

Der Tod, das ist die kühle Nacht,
Das Leben ist der schwüle Tag.
Es dunkelt schon, mich schläfert,
Der Tag hat mich müd gemacht.

Über mein Bett erhebt sich ein Baum,
Drin singt die junge Nachtigall;
Sie singt von lauter Liebe,
Ich hör es sogar im Traum.
(1824)

Heinrich Heine

(Still ist die Nacht)

Still ist die Nacht, es ruhen die Gassen,
In diesem Hause wohnte mein Schatz;
Sie hat schon längst die Stadt verlassen,
Doch steht noch das Haus auf demselben Platz.

Da steht auch ein Mensch und starrt in die Höhe,
Und ringt die Hände vor Schmerzensgewalt;
Mir graust es, wenn ich sein Antlitz sehe –
Der Mond zeigt mir meine eigne Gestalt.

Du Doppelgänger, du bleicher Geselle!
Was äffst du nach mein Liebesleid,
Das mich gequält auf dieser Stelle
So manche Nacht, in alter Zeit?
(1824)

Heinrich Heine
Die Stadt

Am fernen Horizonte
Erscheint, wie ein Nebelbild,
Die Stadt mit ihren Türmen,
In Abenddämmrung gehüllt.

Ein feuchter Windzug kräuselt
Die graue Wasserbahn;
Mit traurigem Takte rudert
Der Schiffer in meinem Kahn.

Die Sonne hebt sich noch einmal
Leuchtend vom Boden empor,
Und zeigt mir jene Stelle,
Wo ich das Liebste verlor.
(1826)

Joseph von Eichendorff
In Danzig

Dunkle Giebel, hohe Fenster,
Türme tief aus Nebeln sehn,
Bleiche Statuen wie Gespenster
Lautlos an den Türen stehn.

Träumerisch der Mond drauf scheinet,
Dem die Stadt gar wohl gefällt,
Als läg' zauberisch versteinet
Drunten eine Märchenwelt.

Ringsher durch das tiefe Lauschen,
Über alle Häuser weit,
Nur des Meeres fernes Rauschen –
Wunderbare Einsamkeit!

Und der Türmer wie vor Jahren
Singet ein uraltes Lied;
Wolle Gott den Schiffer wahren,
Der bei Nacht vorüberzieht.
(1842)

gt der erste Morgenstrahl« – tücke

Joseph von Eichendorff

Morgengebet

O wunderbares, tiefes Schweigen,
Wie einsam ist's noch auf der Welt!
Die Wälder nur sich leise neigen,
Als ging' der Herr durchs stille Feld.

Ich fühl mich recht wie neu geschaffen,
Wo ist die Sorge nun und Not?
Was mich noch gestern wollt erschlaffen,
Ich schäm mich des im Morgenrot.

Die Welt mit ihrem Gram und Glücke
Will ich, ein Pilger, frohbereit
Betreten nur wie eine Brücke
Zu Dir, Herr, übern Strom der Zeit.

Und buhlt mein Lied, auf Weltgunst lauernd,
Um schnöden Sold der Eitelkeit:
Zerschlag mein Saitenspiel, und schauernd
Schweig ich vor dir in Ewigkeit.
(1814)

Joseph von Eichendorff

Der Morgen

Fliegt der erste Morgenstrahl
Durch das stille Nebeltal,
Rauscht erwachend Wald und Hügel:
Wer da fliegen kann, nimmt Flügel!

Und sein Hütlein in die Luft
Wirft der Mensch vor Lust und ruft:
Hat Gesang doch auch noch Schwingen,
Nun, so will ich fröhlich singen!

Hinaus, o Mensch, weit in die Welt,
Bangt dir das Herz in krankem Mut;
Nichts ist so trüb in Nacht gestellt,
Der Morgen leicht macht's wieder gut.

(1826)

Eduard Mörike

In der Frühe

Kein Schlaf noch kühlt das Auge mir,
Dort gehet schon der Tag herfür
An meinem Kammerfenster.
Es wühlet mein verstörter Sinn
Noch zwischen Zweifeln her und hin,
Und schaffet Nachtgespenster.
– Ängste, quäle
Dich nicht länger, meine Seele!
Freu' dich! schon sind da und dorten
Morgenglocken wach geworden.
(1828)

Ludwig Uhland
Frühlingsglaube

Die linden Lüfte sind erwacht,
Sie säuseln und weben Tag und Nacht,
Sie schaffen an allen Enden.
O frischer Duft, o neuer Klang!
Nun, armes Herze, sei nicht bang!
Nun muss sich alles, alles wenden.

Die Welt wird schöner mit jedem Tag,
Man weiß nicht, was noch werden mag,
Das Blühen will nicht enden.
Es blüht das fernste, tiefste Tal;
Nun, armes Herz, vergiss der Qual!
Nun muss sich alles, alles wenden.
(1812)

Joseph von Eichendorff
Frühlingsgruß

Es steht ein Berg in Feuer,
In feurigem Morgenbrand,
Und auf des Berges Spitze
Ein Tannenbaum überm Land.

Und auf dem höchsten Wipfel
Steh ich und schau vom Baum,
O Welt, du schöne Welt, du,
Man sieht dich vor Blüten kaum!
(1837)

Eduard Mörike
Im Frühling

Hier lieg ich auf dem Frühlingshügel:
Die Wolke wird mein Flügel,
Ein Vogel fliegt mir voraus.
Ach, sag' mir all-einzige Liebe,
Wo *du* bleibst, dass ich bei dir bliebe!
Doch du und die Lüfte haben kein Haus.
Der Sonnenblume gleich steht mein Gemüte offen,
Sehnend,
Sich dehnend
In Lieben und Hoffen.
Frühling, was bist du gewillt?
Wann werd' ich gestillt?

Die Wolke seh ich wandeln und den Fluss,
Es dringt der Sonne goldner Kuss
Mir tief bis ins Geblüt hinein;
Die Augen, wunderbar berauschet,
Tun, als schliefen sie ein;
Nur noch das Ohr dem Ton der Biene lauschet.
Ich denke dies und denke das,
Ich sehne mich, und weiß nicht recht, nach was:
Halb ist es Lust, halb ist es Klage;
Mein Herz, o sage,
Was webst du für Erinnerung
In goldengrüner Zweige Dämmerung?
– Alte unnennbare Tage!
(1828)

Heinrich Heine

(Mein Herz, mein Herz ist traurig)

Mein Herz, mein Herz ist traurig,
Doch lustig leuchtet der Mai;
Ich stehe, gelehnt an der Linde,
Hoch auf der alten Bastei.

Da drunten fließt der blaue
Stadtgraben in stiller Ruh';
Ein Knabe fährt im Kahne,
Und angelt und pfeift dazu.

Jenseits erheben sich freundlich,
In winziger, bunter Gestalt,
Lusthäuser und Gärten und Menschen,
Und Ochsen und Wiesen und Wald.

Die Mägde bleichen Wäsche,
Und springen im Gras herum;
Das Mühlrad stäubt Diamanten,
Ich höre sein fernes Gesumm.

Am alten grauen Turme
Ein Schilderhäuschen steht;
Ein rotgeröckter Bursche
Dort auf und nieder geht.

Er spielt mit seiner Flinte,
Die funkelt im Sonnenrot,
Er präsentiert und schultert. –
Ich wollt', er schösse mich tot.
(1824)

VI »Liebe lässt sich suchen, finden«

Ludwig Tieck
Wunder der Liebe

Glosse

Mondbeglänzte Zaubernacht,
Die den Sinn gefangen hält,
Wundervolle Märchenwelt,
Steig auf in der alten Pracht!

Liebe lässt sich suchen, finden,
Niemals lernen, oder lehren,
Wer da will die Flamm entzünden,
Ohne selbst sich zu verzehren,
Muss sich reinigen der Sünden.
Alles schläft, weil er noch wacht,
Wann der Stern der Liebe lacht,
Goldne Augen auf ihn blicken,
Schaut er trunken von Entzücken
Mondbeglänzte Zaubernacht.

Aber nie darf er erschrecken,
Wenn sich Wolken dunkel jagen,
Finsternis die Sterne decken,
Kaum der Mond es noch will wagen,
Einen Schimmer zu erwecken.
Ewig steht der Liebe Zelt,
Von dem eignen Licht erhellt,
Aber Mut nur kann zerbrechen,
Was die Furcht will ewig schwächen,
Die den Sinn gefangen hält.

Keine Liebe hat gefunden,
Dem ein trüber Ernst beschieden,
Flüchtig sind die goldnen Stunden,
Welche immer den vermieden,
Den die bleiche Sorg umwunden:
Wer die Schlange an sich hält,
Dem ist Schatten vorgestellt,
Alles was die Dichter sangen,
Nennt der Arme, eingefangen,
Wundervolle Märchenwelt.

Herz, im Glauben auferblühend,
Fühlt alsbald die goldnen Scheine,
Die es lieblich in sich ziehend
Macht zu eigen sich und seine,
In der schönsten Flamme glühend,
Ist das Opfer angefacht,
Wird's dem Himmel dargebracht;
Hat dich Liebe angenommen,
Auf dem Altar hell entglommen,
Steig auf in der alten Pracht.
(1803)

Clemens Brentano

(Die Seufzer des Abendwinds wehen)

Die Seufzer des Abendwinds wehen
So jammernd und bittend im Turm;
Wohl hör' ich um Rettung dich flehen,
Du ringst mit den Wogen, versinkest im Sturm.

Ich seh' dich am Ufer; es wallet
Ein traurendes Irrlicht einher.
Mein liebendes Rufen erschallet,
Du hörest, du liebest, du stürzest ins Meer.

Ich lieb' und ich stürze verwegen
Dir nach in die Wogen hinab,
Ich komme dir sterbend entgegen,
Ich ringe, du sinkest, ich teile dein Grab.

Doch stürzt man den Stürmen des Lebens
Von neuem mich Armen nun zu.
Ich sinke; ich ringe vergebens,
Ach nur in dem Abgrund des Todes ist Ruh'.

Da schwinden die ewigen Fernen,
Da endet kein Leben mit dir.
Ich kenn' deinen Blick in den Sternen,
Ach sieh nicht so traurig, hab' Mitleid mit mir!
(1801)

Clemens Brentano

(Wenn die Sonne weggegangen)

Wenn die Sonne weggegangen,
Kömmt die Dunkelheit heran,
Abendrot hat goldne Wangen,
Und die Nacht hat Trauer an.

Seit die Liebe weggegangen,
Bin ich nun ein Mohrenkind,
Und die roten, frohen Wangen,
Dunkel und verloren sind.

Dunkelheit muss tief verschweigen,
Alles Wehe, alle Lust,
Aber Mond und Sterne zeigen,
Was ihr wohnet in der Brust.

Wenn die Lippen dir verschweigen
Meines Herzens stille Glut,
Müssen Blick und Tränen zeigen,
Wie die Liebe nimmer ruht.

(1804)

Karoline von Günderode

Die eine Klage

Wer die tiefste aller Wunden
Hat in Geist und Sinn empfunden
Bittrer Trennung Schmerz;
Wer geliebt was er verloren,
Lassen muss was er erkoren,
Das geliebte Herz,

Der versteht in Lust die Tränen
Und der Liebe ewig Sehnen
Eins in Zwei zu sein,
Eins im Andern sich zu finden,
Dass der Zweiheit Grenzen schwinden
Und des Daseins Pein.

Wer so ganz in Herz und Sinnen
Konnt' ein Wesen lieb gewinnen
O! den tröstet's nicht
Dass für Freuden, die verloren,
Neue werden neu geboren:
Jene sind's doch nicht.

Das geliebte, süße Leben,
Dieses Nehmen und dies Geben,
Wort und Sinn und Blick,
Dieses Suchen und dies Finden,
Dieses Denken und Empfinden
Gibt kein Gott zurück.
(1804)

Karoline von Günderode

Der Kuss im Traume

Es hat ein Kuss mir Leben eingehaucht,
Gestillet meines Busens tiefstes Schmachten,
Komm, Dunkelheit! mich traulich zu umnachten,
Dass neue Wonne meine Lippe saugt.

In Träume war solch Leben eingetaucht,
Drum leb' ich, ewig Träume zu betrachten,
Kann aller andern Freuden Glanz verachten,
Weil nur die Nacht so süßen Balsam haucht.

Der Tag ist karg an liebesüßen Wonnen,
Es schmerzt mich seines Lichtes eitles Prangen
Und mich verzehren seiner Sonne Gluten.

Drum birg dich Aug' dem Glanze ird'scher Sonnen!
Hüll dich in Nacht, sie stillet dein Verlangen
Und heilt den Schmerz, wie Lethes[1] kühle Fluten.
(1804)

1 Im griechischen Mythos Strom in der Unterwelt, aus dem die Toten das Vergessen trinken.

Karoline von Günderode

(Ist alles stumm und leer)

Ist alles stumm und leer;
Nichts macht mir Freude mehr;
Düfte sie düften nicht,
Lüfte sie lüften nicht,
Mein Herz ist so schwer!

Ist alles öd und hin,
Bange mein Herz und Sinn;
Möchte, nicht weiß ich was,
Treibt mich ohne Unterlass,
Weiß nicht, wohin!

Ein Bild von Meisterhand
Hat mir den Sinn gebannt;
Seit ich das holde sah,
Ist's fern und ewig nah,
Mir anverwandt. –

Ein Klang im Herzen ruht,
Der noch erquickt den Mut
Wie Flötenhauch ein Wort,
Tönet noch leise fort.
Stillt Tränenflut.

Frühlinges Blumen treu,
Kommen zurück aufs neu;
Nicht so der Liebe Glück!
Ach es kommt nicht zurück –
Schön, doch nicht treu!

Kann Lieb' so unlieb sein,
Von mir so fern, was mein? –
Kann Lust so schmerzlich sein,
Untreu so herzlich sein?
O Wonn', o Pein!

Phönix[1] der Lieblichkeit,
Dich trägt dein Fittig weit
Hin zu der Sonne Strahl –
Ach, was ist dir zumal
Mein einsam Leid?
(1802)

Karoline von Günderode

Liebe

O reiche Armut! Gebend, seliges Empfangen!
In Zagheit Mut! in Freiheit doch gefangen.
In Stummheit Sprache,
Schüchtern bei Tage,
Siegend mit zaghaftem Bangen.

Lebendiger Tod, im Einen sel'ges Leben
Schwelgend in Not, im Widerstand ergeben,
Genießend schmachten,
Nie satt betrachten
Leben im Traum und doppelt Leben.
(1804)

1 Heiliger Vogel der Ägypter, Symbol der ewigen Erneuerung und Auferstehung.

Eduard Mörike

Peregrina

I.

Der Spiegel dieser treuen, braunen Augen
Ist wie von innerm Gold ein Widerschein;
Tief aus dem Busen scheint er's anzusaugen,
Dort mag solch Gold in heil'gem Gram gedeihn.
In diese Nacht des Blickes mich zu tauchen,
Unwissend Kind, du selber lädst mich ein –
Willst, ich soll kecklich mich und dich entzünden,
Reichst lächelnd mir den Tod im Kelch der Sünden!

V.

Die Liebe, sagt man, steht am Pfahl gebunden,
Geht endlich arm, zerrüttet, unbeschuht;
Dies edle Haupt hat nicht mehr, wo es ruht,
Mit Tränen netzet sie der Füße Wunden.

Ach, Peregrinen hab ich so gefunden!
Schön war ihr Wahnsinn, ihrer Wange Glut,
Noch scherzend in der Frühlingsstürme Wut
Und wilde Kränze in das Haar gewunden.

War's möglich, solche Schönheit zu verlassen?
– So kehrt nur reizender das alte Glück!
O komm, in diese Arme dich zu fassen!

Doch weh! o weh! was soll mir dieser Blick?
Sie küsst mich zwischen Lieben noch und Hassen,
Sie kehrt sich ab, und kehrt mir nie zurück.
(1829)

Eduard Mörike

Früh im Wagen

Es graut vom Morgenreif
In Dämmerung das Feld,
Da schon ein blasser Streif
Den fernen Ost erhellt;

Man sieht im Lichte bald
Den Morgenstern vergehn,
Und doch am Fichtenwald
Den vollen Mond noch stehn:

So ist mein scheuer Blick,
Den schon die Ferne drängt,
Noch in das Schmerzensglück
Der Abschiedsnacht versenkt.

Dein blaues Auge steht,
Ein dunkler See, vor mir,
Dein Kuss, dein Hauch umweht,
Dein Flüstern mich noch hier.

An deinem Hals begräbt
Sich weinend mein Gesicht,
Und Purpurschwärze webt
Mir vor dem Auge dicht.

Die Sonne kommt; – sie scheucht
Den Traum hinweg im Nu,
Und von den Bergen streicht
Ein Schauer auf mich zu.

(1843)

Heinrich Heine

(Sie saßen und tranken am Teetisch)

Sie saßen und tranken am Teetisch,
Und sprachen von Liebe viel.
Die Herren die waren ästhetisch,
Die Damen von zartem Gefühl.

Die Liebe muss sein platonisch,
Der dürre Geheimrat sprach.
Die Rätin lächelt ironisch,
Und dennoch seufzet sie: Ach!

Der Domherr öffnet den Mund weit:
Die Liebe sei nicht zu roh,
Sie schadet sonst der Gesundheit.
Das Fräulein lispelt: wieso?

Die Gräfin spricht wehmütig:
Die Liebe ist eine Passion!
Und präsentieret gütig
Die Tasse dem Herren Baron.

Am Tische war noch ein Plätzchen;
Mein Liebchen, da hast du gefehlt.
Du hättest so hübsch, mein Schätzchen,
Von deiner Liebe erzählt.
(1823)

Franz Grillparzer

Licht und Schatten

Schwarz ihre Brauen,
Weiß ihre Brust,
Klein mein Vertrauen,
Groß doch die Lust.

Schwatzhaft mit Blicken,
Schweigend die Zung',
Alt das Missglücken,
Wunsch immer jung;

Arm was ich brachte,
Reich meine Lieb',
Warm was ich dachte,
Kalt was ich schrieb.
(1821)

Heinrich Heine

Die Jahre kommen und gehen

Die Jahre kommen und gehen,
Geschlechter steigen ins Grab,
Doch nimmer vergeht die Liebe,
Die ich im Herzen hab.

Nur einmal noch möcht' ich dich sehen,
Und sinken vor dir aufs Knie,
Und sterbend zu dir sprechen:
Madame, ich liebe Sie!
(1824)

VII »Du schönste Wunderblume süßer Frauen« – Frauenbilder

Karl Rottmanner

Auf ein Gemälde von Leonardo da Vinci

Marie mit dem Christuskinde, dem der kleine Johannes eine Lilie reicht

Die heil'ge Jungfrau, still in Lieb' ergossen,
Senkt hold den Blick auf zwei unschuld'ge Knaben,
Ihr rein Gemüt am sinn'gen Spiel zu laben,
Und hält mit treuen Armen sie umschlossen.

Dem Himmlischen, aus ihrem Schoß entsprossen,
Christus, in süßer Kindheit hold erhaben,
Reicht sanft der Ird'sche frommen Herzens Gaben
In weißer Lilie, still und zart erschlossen.

O heil'ge Deutung von so heil'gem Bilde!
Wie strahlt, ein tröstend Himmelslicht, gelinde
Aus dir das Wort voll wunderbarer Klarheit:

Nur reinem Sinn entfällt des Ird'schen Binde,
Der Unschuld Lilie nur vereinigt milde
Den Sterblichen mit ew'ger Lieb' und Wahrheit.
(1808)

Joseph von Eichendorff

An Luise

Ich wollt in Liedern oft dich preisen,
Die wunderstille Güte,
Wie du ein halbverwildertes Gemüte
Dir liebend hegst und heilst auf tausend süße Weisen,
Des Mannes Unruh und verworrnem Leben
Durch Tränen lächelnd bis zum Tod ergeben.

Doch wie den Blick ich dichtend wende,
So schön in stillem Harme
Sitzt du vor mir, das Kindlein auf dem Arme,
Im blauen Auge Treu und Frieden ohne Ende,
Und alles lass ich, wenn ich dich so schaue –
Ach, wen Gott lieb hat, gab er solche Fraue!
(1816)

Joseph von Eichendorff

Der Blick

Schaust du mich aus deinen Augen
Lächelnd wie aus Himmeln an,
Fühl ich wohl, dass keine Lippe
Solche Sprache führen kann.

Könnte sie's auch wörtlich sagen,
Was dem Herzen tief entquillt,
Still den Augen aufgetragen,
Wird es süßer nur erfüllt.

Und ich seh des Himmels Quelle,
Die mir lang verschlossen war,
Wie sie bricht in reinster Helle
Aus dem reinsten Augenpaar.

Und ich öffne still im Herzen
Alles, alles diesem Blick,
Und den Abgrund meiner Schmerzen
Füllt er strömend aus mit Glück!
(Aus dem Nachlass)

Adelbert von Chamisso
Frauenliebe und -leben

1.
Er, der Herrlichste von allen,
Wie so milde, wie so gut!
Holde Lippen, klares Auge,
Heller Sinn und fester Mut.

So wie dort in blauer Tiefe,
Hell und herrlich, jener Stern,
Also er an meinem Himmel,
Hell und herrlich, hoch und fern.

Wandle, wandle, deine Bahnen,
Nur betrachten deinen Schein,
Nur in Demut ihn betrachten,
Selig nur und traurig sein!

2.
Höre nicht mein stilles Beten,
Deinem Glücke nur geweiht;
Darfst mich niedre Magd nicht kennen,
Hoher Stern der Herrlichkeit!

Nur die Würdigste von allen
Soll beglücken deine Wahl,
Und ich will die Hohe segnen,
Segnen viele tausend Mal.

Will mich freuen dann und weinen,
Selig, selig bin ich dann;
Sollte mir das Herz auch brechen,
Brich, o Herz, was liegt daran.
(1829)

Joseph von Eichendorff

Der Schiffer

Du schönste Wunderblume süßer Frauen!
Ein Meer bist du, wo Flut und Himmel laden,
Fröhlich zu binden von des Grüns Gestaden
Der Wünsche blühnde Segel voll Vertrauen.

So schiffend nun auf stillerblühten Auen,
In Lockennacht, wo Blicke zaubrisch laden,
Des Munds Koralln in weißem Glanze baden,
Wen füllt' mit süßem Schauer nicht solch Schauen!

Viel hab ich von Sirenen sagen hören,
Stimmen, die aus dem Abgrund lockend schallen
Und Schiff und Schiffer ziehn zum kühlen Tode.

Ich muss dem Zauber ewge Treue schwören,
Und Ruder, Segel lass ich gerne fallen,
Denn schönres Leben blüht aus solchem Tode.
(1808)

Joseph von Eichendorff

Waldgespräch

Es ist schon spät, es wird schon kalt,
Was reitst du einsam durch den Wald?
Der Wald ist lang, du bist allein,
Du schöne Braut! Ich führ dich heim!

»Groß ist der Männer Trug und List,
Vor Schmerz mein Herz gebrochen ist,
Wohl irrt das Waldhorn her und hin,
O flieh! Du weißt nicht, wer ich bin.«

So reich geschmückt ist Ross und Weib,
So wunderschön der junge Leib,
Jetzt kenn ich dich – Gott steh mir bei!
Du bist die Hexe Lorelei.

»Du kennst mich wohl – von hohem Stein
Schaut still mein Schloss tief in den Rhein.
Es ist schon spät, es wird schon kalt,
Kommst nimmermehr aus diesem Wald!«
(1812)

Joseph von Eichendorff

Der stille Grund

Der Mondschein verwirret
Die Täler weit und breit,
Die Bächlein, wie verirret,
Gehn durch die Einsamkeit.

Da drüben sah ich stehen
Den Wald auf steiler Höh,
Die finstern Tannen sehen
In einen tiefen See.

Ein' Kahn wohl sah ich ragen,
Doch niemand, der es lenkt,
Das Ruder war zerschlagen,
Das Schifflein halb versenkt.

Eine Nixe auf dem Steine
Flocht dort ihr goldnes Haar,
Sie meint', sie wär alleine,
Und sang so wunderbar.

Sie sang und sang, in den Bäumen
Und Quellen rauscht' es sacht,
Und flüsterte wie in Träumen
Die mondbeglänzte Nacht.

Ich aber stand erschrocken,
Denn über Wald und Kluft
Klangen die Morgenglocken
Schon ferne durch die Luft.

Und hätt ich nicht vernommen
Den Klang zu guter Stund,
Wär nimmermehr gekommen
Aus diesem stillen Grund.

(1837)

Clemens Brentano
(Zu Bacharach am Rheine)

Zu Bacharach am Rheine
Wohnt eine Zauberin,
Sie war so schön und feine
Und riss viel Herzen hin.

Und brachte viel zu schanden
Der Männer rings umher,
Aus ihren Liebesbanden
War keine Rettung mehr.

Der Bischof ließ sie laden
Vor geistliche Gewalt –
Und musste sie begnaden,
So schön war ihr' Gestalt.

Er sprach zu ihr gerühret:
»Du arme Lore Lay!
Wer hat dich denn verführet
Zu böser Zauberei?«

»Herr Bischof lasst mich sterben,
Ich bin des Lebens müd,
Weil jeder muss verderben,
Der meine Augen sieht.

Die Augen sind zwei Flammen,
Mein Arm ein Zauberstab –
O legt mich in die Flammen!
O brechet mir den Stab!«

»Ich kann dich nicht verdammen,
Bis du mir erst bekennt,
Warum in diesen Flammen
Mein eigen Herz schon brennt.

Den Stab kann ich nicht brechen,
Du schöne Lore Lay!
Ich müsste dann zerbrechen
Mein eigen Herz entzwei«

»Herr Bischof mit mir Armen
Treibt nicht so bösen Spott,
Und bittet um Erbarmen,
Für mich den lieben Gott.

Ich darf nicht länger leben,
Ich liebe keinen mehr –
Den Tod sollt Ihr mir geben,
Drum kam ich zu Euch her.–

Mein Schatz hat mich betrogen,
Hat sich von mir gewandt,
Ist fort von hier gezogen,
Fort in ein fremdes Land.

Die Augen sanft und wilde,
Die Wangen rot und weiß,
Die Worte still und milde
Das ist mein Zauberkreis.

Ich selbst muss drin verderben,
Das Herz tut mir so weh,
Vor Schmerzen möcht' ich sterben,
Wenn ich mein Bildnis seh'.

Drum lasst mein Recht mich finden,
Mich sterben, wie ein Christ,
Denn alles muss verschwinden,
Weil er nicht bei mir ist.«

Drei Ritter lässt er holen:
»Bringt sie ins Kloster hin,
Geh Lore! – Gott befohlen
Sei dein berückter Sinn.

Du sollst ein Nönnchen werden,
Ein Nönnchen schwarz und weiß,
Bereite dich auf Erden
Zu deines Todes Reis'.«

Zum Kloster sie nun ritten,
Die Ritter alle drei,
Und traurig in der Mitten
Die schöne Lore Lay.

»O Ritter lasst mich gehen,
Auf diesen Felsen groß,
Ich will noch einmal sehen
Nach meines Lieben Schloss.

Ich will noch einmal sehen
Wohl in den tiefen Rhein,
Und dann ins Kloster gehen
Und Gottes Jungfrau sein.«

Der Felsen ist so jähe,
So steil ist seine Wand,
Doch klimmt sie in die Höhe,
Bis dass sie oben stand.

Es binden die drei Ritter,
Die Rosse unten an,
Und klettern immer weiter,
Zum Felsen auch hinan.

Die Jungfrau sprach: »da gehet
Ein Schifflein auf dem Rhein,
Der in dem Schifflein stehet,
Der soll mein Liebster sein.

Mein Herz wird mir so munter,
Er muss mein Liebster sein!–«
Da lehnt sie sich hinunter
Und stürzet in den Rhein.

Die Ritter mussten sterben,
Sie konnten nicht hinab,
Sie mussten all verderben,
Ohn' Priester und ohn' Grab.

Wer hat dies Lied gesungen?
Ein Schiffer auf dem Rhein,
Und immer hat's geklungen
Von dem drei Ritterstein:

Lore Lay
Lore Lay
Lore Lay

Als wären es meiner drei.
(1802)

Otto Heinrich Graf von Loeben

Der Lurleyfels

Da wo der Mondschein blitzet
Um's höchste Felsgestein,
Das Zauberfräulein sitzet,
Und schauet auf den Rhein.

Es schauet herüber, hinüber,
Es schauet hinab, hinauf,
Die Schifflein ziehn vorüber,
Lieb' Knabe, sieh' nicht auf!

Sie singt dir hold zum Ohre,
Sie blickt dich töricht an,
Sie ist die schöne Lore,
Sie hat dir's angetan.

Sie schaut wohl nach dem Rheine,
Als schaute sie nach dir,
Glaub's nicht, dass sie dich meine,
Sieh' nicht, horch nicht nach ihr.

So blickt sie wohl nach allen
Mit ihrer Äuglein Glanz,
Lässt her die Locken wallen
Unter dem Perlenkranz.

Doch wogt in ihrem Blicke
Nur blauer Wellen Spiel,
Drum scheu die Wassertücke,
Denn Flut bleibt falsch und kühl.
(1821)

Heinrich Heine

(Ich weiß nicht, was soll es bedeuten)

Ich weiß nicht was soll es bedeuten,
Dass ich so traurig bin;
Ein Märchen aus uralten Zeiten,
Das kommt mir nicht aus dem Sinn.

Die Luft ist kühl und es dunkelt,
Und ruhig fließt der Rhein;
Der Gipfel des Berges funkelt
Im Abendsonnenschein.

Die schönste Jungfrau sitzet
Dort oben wunderbar;
Ihr goldnes Geschmeide blitzet,
Sie kämmt ihr goldenes Haar.

Sie kämmt es mit goldenem Kamme
Und singt ein Lied dabei;
Das hat eine wundersame,
Gewaltige Melodei.

Den Schiffer im kleinen Schiffe
Ergreift es mit wildem Weh;
Er schaut nicht die Felsenriffe,
Er schaut nur hinauf in die Höh.

Ich glaube, die Wellen verschlingen
Am Ende Schiffer und Kahn;
Und das hat mit ihrem Singen
Die Lore-Ley getan.

(1824)

VIII »La rauschen lieb, la rauschen« – Gedichte im Volksliedton

Unbekannter Verfasser (Aus: »Des Knaben Wunderhorn«)

Das Wunderhorn

Ein Knab auf schnellem Ross
Sprengt auf der Kaisrin Schloss;
Das Ross zur Erd sich neigt,
Der Knab sich zierlich beugt.

Wie lieblich, artig, schön
Die Frauen sich ansehn!
Ein Horn trug seine Hand,
Daran vier goldne Band.

Gar mancher schöne Stein
Gelegt ins Gold hinein,
Viel Perlen und Rubin
Die Augen auf sich ziehn.

Das Horn vom Elefant,
So groß man keinen fand,
So schön man keinen fing,
Und oben dran ein Ring.

Wie Silber blinken kann
Und hundert Glocken dran,
Vom feinsten Gold gemacht,
Aus tiefem Meer gebracht.

Von einer Meerfei Hand
Der Kaiserin gesandt
Zu ihrer Reinheit Preis,
Dieweil sie schön und weis.

Der schöne Knab sagt auch:
»Dies ist des Horns Gebrauch:
Ein Druck von Eurem Finger,
Ein Druck von Eurem Finger –

Und diese Glocken all,
Sie geben süßen Schall,
Wie nie ein Harfenklang
Und keiner Frauen Sang,

Kein Vogel obenher,
Die Jungfraun nicht im Meer
Nie so was geben an!«
Fort sprengt der Knab bergan,

Ließ in der Kaisrin Hand
Das Horn, so weltbekannt;
Ein Druck von ihrem Finger,
O süßes hell Geklinge!

Unbekannter Verfasser (Aus: »Des Knaben Wunderhorn«)

Ich hort ein sichellin rauschen

Ich hort ein sichellin rauschen
Wol rauschen durch das korn,
Ich hort ein feine magt klagen,
Sie het ir lieb verlorn.

»La rauschen lieb, la rauschen!
Ich acht nit wie es ge;
Ich hab mir ein bulen erworben
In feiel und grünen kle.«

»Hast du ein bulen erworben
In feiel und grünen kle,
So ste ich hie alleine,
Tut meinem herzen we.«
(Mitte des 16. Jahrhunderts)

Unbekannter Verfasser (Aus: »Des Knaben Wunderhorn«)

Spinnlied

Spinn, Mägdlein, spinn!
So wachsen dir die Sinn;
Wachsen dir die gelben Haar,
Kommen dir die kluge Jahr!

Ehr, Mägdlein, ehr
Die alte Spinnkunst sehr;
Adam hackt und Eva spann,
Zeigen uns die Tugendbahn.

Lieb, Mägdlein, lieb
Der Hanna ihren Trieb;
Wie sie mit der Spindel kann
Nähren ihren blinden Mann.

Preis, Mägdlein, preis
Der Mutter Gottes Fleiß;
Diese heilge Himmelskron
Spann ein Röcklein ihrem Sohn.

Sing, Mägdlein, sing
Und sei fein guter Ding;
Fang dein Spinnen lustig an,
Mach ein frommes End daran.

Lern, Mägdlein, lern,
So hast du Glück und Stern;
Lerne bei dem Spinnen fort
Gottesfurcht und Gotteswort.

Glaub, Mägdlein, glaub,
Dein Leben ist nur Staub;
Das du kömmst so schnell ins Grab,
Als dir bricht der Faden ab.

Lob, Mägdlein, lob,
Dem Schöpfer halte Prob;
Dass dir Glaub und Hoffnung wachs
Wie dein Garn und wie dein Flachs.

Dank, Mägdlein, dank
Dem Herrn, dass du nicht krank,
Dass du kannst fein oft und viel
Treiben dieses Rockenspiel.
Dank, Mägdlein, dank!

Clemens Brentano

Der Spinnerin Nachtlied

Es sang vor langen Jahren
Wohl auch die Nachtigall,
Das war wohl süßer Schall,
Da wir zusammen waren.

Ich sing' und kann nicht weinen
Und spinne so allein
Den Faden klar und rein,
Solang der Mond wird scheinen.

Als wir zusammen waren,
Da sang die Nachtigall,
Nun mahnet mich ihr Schall,
Dass du von mir gefahren.

So oft der Mond mag scheinen,
Denk' ich wohl dein allein,
Mein Herz ist klar und rein,
Gott wolle uns vereinen.

Seit du von mir gefahren,
Singt stets die Nachtigall,
Ich denk' bei ihrem Schall,
Wie wir zusammen waren.

Gott wolle uns vereinen,
Hier spinn' ich so allein,
Der Mond scheint klar und rein,
Ich sing' und möchte weinen!
(1818)

Eduard Mörike

Das verlassene Mägdlein

Früh, wann die Hähne krähn,
Eh die Sternlein verschwinden,
Muss ich am Herde stehn,
Muss Feuer zünden.

Schön ist der Flammen Schein,
Es springen die Funken;
Ich schaue so drein,
In Leid versunken.

Plötzlich, da kommt es mir,
Treuloser Knabe,
Dass ich die Nacht von dir
Geträumet habe.

Träne auf Träne dann
Stürzet hernieder
So kommt der Tag heran –
O ging er wieder!
(1829)

Joseph von Eichendorff

Das zerbrochene Ringlein

In einem kühlen Grunde
Da geht ein Mühlenrad,
Mein Liebste ist verschwunden,
Die dort gewohnet hat.

Sie hat mir Treu versprochen,
Gab mir ein'n Ring dabei,
Sie hat die Treu gebrochen,
Mein Ringlein sprang entzwei.

Ich möcht als Spielmann reisen
Weit in die Welt hinaus,
Und singen meine Weisen,
Und gehn von Haus zu Haus.

Ich möcht als Reiter fliegen
Wohl in die blut'ge Schlacht,
Um stille Feuer liegen
Im Feld bei dunkler Nacht.

Hör ich das Mühlrad gehen:
Ich weiß nicht, was ich will –
Ich möchte am liebsten sterben,
Da wär's auf einmal still!
(1810)

Joseph von Eichendorff

Zwielicht

Dämmrung will die Flügel spreiten,
Schaurig rühren sich die Bäume,
Wolken ziehn wie schwere Träume –
Was will dieses Graun bedeuten?

Hast ein Reh du lieb vor andern,
Lass es nicht alleine grasen,
Jäger ziehn im Wald und blasen,
Stimmen hin und wieder wandern.

Hast du einen Freund hienieden,
Trau ihm nicht zu dieser Stunde,
Freundlich wohl mit Aug und Munde,
Sinnt er Krieg im tück'schen Frieden.

Was heut müde gehet unter,
Hebt sich morgen neugeboren.
Manches bleibt in Nacht verloren –
Hüte dich, bleib wach und munter!
(1811)

IX Poetologische Gedichte

Novalis

(Wenn nicht mehr Zahlen und Figuren)

Wenn nicht mehr Zahlen und Figuren
Sind Schlüssel aller Kreaturen,
Wenn die, so singen oder küssen,
Mehr als die Tiefgelehrten wissen,
Wenn sich die Welt ins freie Leben,
Und in die Welt wird zurückbegeben,
Wenn dann sich wieder Licht und Schatten
Zu echter Klarheit wieder gatten,
Und man in Märchen und Gedichten
Erkennt die ew'gen Weltgeschichten,
Dann fliegt vor einem geheimen Wort
Das ganze verkehrte Wesen fort.
(1800)

Joseph von Eichendorff
Das Bilderbuch

Von der Poesie sucht Kunde
Mancher im gelehrten Buch,
Nur des Lebens schöne Runde
Lehret dich den Zauberspruch;
Doch in stillgeweihter Stunde
Will das Buch erschlossen sein,
Und so blick ich heut hinein,
Wie ein Kind im Frühlingswetter
Fröhlich Bilderbücher blättert,
Und es schweift der Sonnenschein
Auf den buntgemalten Lettern,
Und gelinde weht der Wind
Durch die Blumen, durch das Herz
Alte Freuden, alten Schmerz –
Weinen möcht ich wie ein Kind!
(1837)

Joseph von Eichendorff
Wünschelrute

Schläft ein Lied in allen Dingen,
Die da träumen fort und fort,
Und die Welt hebt an zu singen,
Triffst du nur das Zauberwort.
(1838)

Clemens Brentano

(Was reif in diesen Zeilen steht)

Was reif in diesen Zeilen steht,
Was lächelnd winkt und sinnend fleht,
Das soll kein Kind betrüben,
Die Einfalt hat es ausgesäet,
Die Schwermut hat hindurchgeweht,
Die Sehnsucht hat's getrieben;
Und ist das Feld einst abgemäht,
Die Armut durch die Stoppeln geht,
Sucht Ähren, die geblieben,
Sucht Lieb', die für sie untergeht,
Sucht Lieb', die mit ihr aufersteht,
Sucht Lieb', die sie kann lieben,
Und hat sie einsam und verschmäht
Die Nacht durch dankend in Gebet
Die Körner ausgerieben,
Liest sie, als früh der Hahn gekräht,
Was Lieb' erhielt, was Leid verweht,
Ans Feldkreuz angeschrieben,
O Stern und Blume, Geist und Kleid,
Lieb', Leid und Zeit und Ewigkeit!
(1838)

Clemens Brentano

(Wenn der lahme Weber träumt, er webe)

Wenn der lahme Weber träumt, er webe,
Träumt die kranke Lerche auch, sie schwebe,
Träumt die stumme Nachtigall, sie singe,
Dass das Herz des Widerhalls zerspringe,
Träumt das blinde Huhn, es zähl' die Kerne,
Und der drei je zählte kaum, die Sterne,
Träumt das starre Erz, gar linde tau' es,
Und das Eisenherz, ein Kind vertrau' es,
Träumt die taube Nüchternheit, sie lausche,
Wie der Traube Schüchternheit berausche;
Kömmt dann Wahrheit mutternackt gelaufen,
Führt der hellen Töne Glanzgefunkel
Und der grellen Lichter Tanz durchs Dunkel,
Rennt den Traum sie schmerzlich übern Haufen,
Horch! die Fackel lacht, horch! Schmerz-Schalmeien
Der erwachten Nacht ins Herz all schreien;
Weh, ohn' Opfer gehn die süßen Wunder,
Gehn die armen Herzen einsam unter!

(1838)

Heinrich Heine
(Auf meiner Herzliebsten Äugelein)

Auf meiner Herzliebsten Äugelein,
Da mach' ich die schönsten Kanzonen[1].
Auf meiner Herzliebsten Mündchen klein,
Da mach' ich die besten Terzinen[2].
Auf meiner Herzliebsten Wängelein,
Da mach' ich die herrlichsten Stanzen[3].
Und wenn meine Liebste ein Herzchen hätt',
So wollt' ich drauf machen ein zartes Sonett.
(1823)

Heinrich Heine
(Und als ich Euch meine Schmerzen geklagt)

Und als ich Euch meine Schmerzen geklagt,
Da habt Ihr gegähnt und nichts gesagt;
Doch als ich sie zierlich in Verse gebracht,
Da habt Ihr mir große Elogen gemacht.
(1825)

Heinrich Heine
(O, mein gnädiges Fräulein, erlaubt)

O, mein gnädiges Fräulein, erlaubt
Mir kranken Sohn der Musen,
Dass schlummernd ruhe mein Sängerhaupt
Auf Eurem Schwanenbusen!

»Mein Herr! wie können Sie es wagen,
Mir so was in Gesellschaft zu sagen?«
(1826)

1 Mehrstrophiges Lied.
2 Dreizeilige italienische Strophenform.
3 Italienische Strophenform.

Heinrich Heine

Wahrhaftig

Wenn der Frühling kommt mit dem Sonnenschein,
Dann knospen und blühen die Blümlein aus;
Wenn der Mond beginnt seinen Strahlenlauf,
Dann schwimmen die Sternlein hinterdrein;
Wenn der Sänger zwei süße Äuglein sieht,
Dann quellen ihm Lieder aus tiefem Gemüt; –
Doch Lieder und Sterne und Blümelein,
Und Äuglein und Mondglanz und Sonnenschein,
Wie sehr das Zeug auch gefällt,
So macht's doch noch lang keine Welt.
(1821)

Johann Wolfgang von Goethe

Nachtgesang

O! gib, vom weichen Pfühle[1],
Träumend, ein halb Gehör.
Bei meinem Saitenspiele,
Schlafe! was willst du mehr?

Bei meinem Saitenspiele
Segnet der Sterne Heer
Die ewigen Gefühle;
Schlafe! was willst du mehr?

Die ewigen Gefühle
Heben mich, hoch und hehr,
Aus irdischem Gewühle;
Schlafe! was willst du mehr?

Vom irdischen Gewühle
Trennst du mich nur zu sehr,
Bannst mich in diese Kühle;
Schlafe! was willst du mehr?

Bannst mich in diese Kühle,
Gibst nur im Traum Gehör.
Ach! auf dem weichen Pfühle,
Schlafe! was willst du mehr?
(1804)

1 Kissen, Ruhebett.

Joseph von Eichendorff

(Ach, von dem weichen Pfühle)

Ach, von dem weichen Pfühle
Was treibt dich irr' umher?
Bei meinem Saitenspiele
Schlafe, was willst du mehr?

Bei meinem Saitenspiele
Heben dich allzu sehr
Die ewigen Gefühle;
Schlafe, was willst du mehr?

Die ewigen Gefühle,
Schnupfen und Husten schwer,
Zieh'n durch die nächt'ge Kühle;
Schlafe, was willst du mehr?

Zieh'n durch die nächt'ge Kühle;
Mir den Verliebten her
Hoch auf schwindliche Pfühle;
Schlafe, was willst du mehr?

Hoch auf schwindlichem Pfühle
Zähle der Sterne Heer;
Und so dir das missfiele;
Schlafe, was willst du mehr?

(1815)

X »Nach Frankreich zogen zwei Grenadier'« – Zeitgeschichte im Gedicht

Joseph von Eichendorff

Mahnung

In Wind verfliegen sah ich, was wir klagen,
Erbärmlich Volk um falscher Götzen Thronen,
Wen'ger Gedanken, deutschen Landes Kronen,
Wie Felsen, aus dem Jammer einsam ragen.

Da mocht ich länger nicht nach euch mehr fragen,
Der Wald empfing, wie rauschend! den Entflohnen,
In Burgen alt, an Stromeskühle wohnen
Wollt ich auf Bergen bei den alten Sagen.

Da hört ich Strom und Wald dort so mich tadeln:
»Was willst, Lebendger du, hier überm Leben,
Einsam verwildernd in den eignen Tönen?

Es soll im Kampf der rechte Schmerz sich adeln,
Den deutschen Ruhm aus der Verwüstung heben,
Das will der alte Gott von seinen Söhnen!«
(1810)

Otto Heinrich Graf von Loeben

Das Mittelalter

Es träumte mir, ein Greis mit Silberhaaren
Entführte mich auf eines Schlosses Zinnen;
Mit Wonne noch bewegt es meine Sinnen,
Wie mir geschah, als wir da oben waren.

Ich sah die Schiff' und Wimpel unten fahren,
Durch offne Gauen edle Ströme rinnen;
Ich sah den Wäldern Jägernetz' entspinnen.
Ich sah am Quell die Hirsche bei den Aaren.

Viel Städte schaut ich, hoch und niedre Türme,
Den Blick umfing ein stolzes Wohlbehagen
Bei diesen Märkten, Straßen, Gärten, Toren.

Mit einmal tönt' es hohl, als ob man stürme;
Der Greis verschwand, ich hört ihn nur noch sagen:
»Dies war das Paradies, das ihr verloren.«
(1810)

Ernst Moritz Arndt

Lied der Rache

Auf! zur Rache auf! zur Rache!
Erwache, edles Volk, erwache!
Erhebe lautes Siegsgeschrei!
Lass in Tälern, lass auf Höhen
Der Freiheit stolze Fahnen wehen!
Die Schandeketten brich entzwei!

Denn der Satan ist gekommen,
Er hat sich Fleisch und Bein genommen,
Und will der Herr der Erde sein:
Und die Weisheit tappt geblendet,
Und Mut und Ehre kriecht geschändet
Und will nicht in den Tod hinein;

Und die Wahrheit traurt verstummet,
Die brandgemalte Lüge summet
Frech jede große Tugend an.
Henker, Sklaven, Peitschen, Beile –
Des Zornes heil'ge Donnerkeile
Nicht mehr die Zunge schwingen kann.

Drum zur Rache auf! zur Rache!
Erwache, edles Volk, erwache!
Und tilge weg des Teufels Spott!
Schlage! reiße! morde! rase!
Zur Flamme werde! brenne, blase
In jeden Busen ein den Gott,

Ein den Gott, dem Teufel zittern,
Wann wild in Schlachtenungewittern
Der Donner durch die Reihen fährt,
Wann die Freien fröhlich sterben,
Tyrannenschädel gleich den Scherben
Zerfliegen durch der Tapfern Schwert.

Auf! es gilt die höchsten Fehden,
Die tauben Stöcke mögten reden,
Der stumme Stein Posaune sein,
Faule Berge sich bewegen –
Und ihr nur griffet nicht zum Degen?
Ihr wollet faul zum Kampfe sein?

Auf! die Stunde hat geschlagen –
Mit Gott dem Herrn wir wollen's wagen,
Frisch in den heil'gen Krieg hinein!
Lasst Trommelschall und Pfeifen gehen,
Die Fahnen hoch zum Himmel wehen!
Die Freiheit soll die Losung sein.
(1812)

Friedrich Rückert

Geharnischte Sonette

Der Mann ist wacker, der, sein Pfund benutzend,
Zum Dienst des Vaterlands kehrt seine Kräfte:
Nun denn, mein Geist, geh auch an dein Geschäfte,
Den Arm mit den dir eignen Waffen putzend.

Wie kühne Krieger jetzt, mit Glutblick trutzend,
In Reihn sich stellend, heben ihre Schäfte;
So stell auch Krieger, zwar nur nachgeäffte,
Geharnischter Sonette ein Paar Dutzend.

Auf denn, die ihr aus meines Busens Ader
Aufquellt, wie Riesen aus des Stromes Bette,
Stellt euch in eure rauschenden Geschwader!

Schließt eure Glieder zu vereinter Kette,
Und ruft, mithadernd in den großen Hader,
Erst: Waffen! Waffen! und dann: Rette! Rette!
(1814)

Theodor Körner

Abschied vom Leben

In der Nacht vom 17ten zum 18ten Juni, als ich schwer verwundet und hilflos in einem Gehölz lag und zu sterben meinte.

Die Wunde brennt, die bleichen Lippen beben,
Ich fühl's an meines Herzens matt'rem Schlage,
Hier steh ich an den Marken[1] meiner Tage
Gott, wie du willst, dir hab ich mich ergeben.

Viel goldne Bilder sah ich um mich schweben:
Das schöne Traumlied wird zur Totenklage – –
Mut! Mut! was ich so treu im Herzen trage,
Das muss ja doch dort ewig mit mir leben.

Und was ich hier als Heiligtum erkannte,
Wofür ich rasch und jugendlich entbrannte, –
Ob ich's nun Freiheit, ob ich's Liebe nannte –

Als lichten Seraph[2] sah ich's vor mir stehen,
Und wie die Sinne langsam mir vergehen,
Trägt mich ein Hauch zu morgenroten Höhen.
(1813)

1 Merkzeichen, Grenzzeichen.
2 Sechsflügliger Engel, der über dem thronenden Herrn schwebt.

Adelbert von Chamisso

Der Invalid im Irrenhaus

Leipzig, Leipzig! arger Boden,
Schmach für Unbill schafftest du.
Freiheit hieß es, vorwärts, vorwärts!
Trankst mein rotes Blut, wozu?

Freiheit! rief ich, vorwärts, vorwärts!
Was ein Tor nicht alles glaubt?
Und von schwerem Säbelstreiche
Ward gespalten mir das Haupt.

Und ich lag, und abwärts wälzte
Unheilschwanger sich die Schlacht,
Über mich und über Leichen
Sank die kalte, finstre Nacht.

Aufgewacht zu grausen Schmerzen,
Brennt die Wunde mehr und mehr,
Und ich liege hier gebunden,
Grimm'ge Wächter um mich her.

Schrei' ich wütend noch nach Freiheit
Nach dem bluterkauften Glück,
Peitscht der Wärter mit der Peitsche
Mich in schnöde Ruh' zurück.

(1827)

Heinrich Heine

Die Grenadier'

Nach Frankreich zogen zwei Grenadier',
Die waren in Russland gefangen.
Und als sie kamen ins deutsche Quartier,
Sie ließen die Köpfe hangen.

Da hörten sie beide die traurige Mär:
Dass Frankreich verloren gegangen,
Besiegt und zerschlagen das tapfere Heer, –
Und der Kaiser, der Kaiser gefangen.

Da weinten zusammen die Grenadier'
Wohl ob der kläglichen Kunde.
Der Eine sprach: Wie weh wird mir,
Wie brennt meine alte Wunde.

Der Andre sprach: das Lied ist aus,
Auch ich möcht mit dir sterben,
Doch hab' ich Weib und Kind zu Haus,
Die ohne mich verderben.

Was schert mich Weib, was schert mich Kind,
Ich trage weit bess'res Verlangen;
Lass sie betteln gehn, wenn sie hungrig sind –
Mein Kaiser, mein Kaiser gefangen!

Gewähr' mir Bruder eine Bitt':
Wenn ich jetzt sterben werde,
So nimm meine Leiche nach Frankreich mit,
Begrab' mich in Frankreichs Erde.

Das Ehrenkreuz am roten Band
Sollst du auf's Herz mir legen;
Die Flinte gib mir in die Hand,
Und gürt' mir um den Degen.

So will ich liegen und horchen still,
Wie eine Schildwacht, im Grabe,
Bis einst ich höre Kanonengebrüll,
Und wiehernder Rosse Getrabe.

Dann reitet mein Kaiser wohl über mein Grab,
Viel Schwerter klirren und blitzen;
Dann steig' ich gewaffnet hervor aus dem Grab –
Den Kaiser, den Kaiser zu schützen.
(1822)

XI »Fremd zieh ich wieder aus« – Winterreisen

Caspar David Friedrich (1774–1840): Das Eismeer, 1823/24, Öl auf Leinwand

Adelbert von Chamisso

Nacht und Winter

Von des Nordens kaltem Wehen
Wird der Schnee dahergetrieben,
Der die dunkle Erde decket;

Dunkle Wolken ziehn am Himmel,
Und es flimmern keine Sterne,
Nur der Schnee im Dunkel schimmert.

Herb und kalt der Wind sich reget,
Schaurig stöhnt er in die Stille;
Tief hat sich die Nacht gesenket.

Wie sie ruhn auf dem Gefilde,
Ruhn mir in der tiefsten Seele
Dunkle Nacht und herber Winter.

Herb und kalt der Wind sich reget,
Dunkle Wolken ziehn am Himmel,
Tief hat sich die Nacht gesenket.

Nicht der Freude Kränze zieren
Mir das Haupt im jungen Lenze
Und erheitern meine Stirne:

Denn am Morgen meines Lebens,
Liebend und begehrend Liebe,
Wandl' ich einsam in der Fremde,

Wo das Sehnen meiner Liebe,
Wo das Heiße muss, verschmähet,
Tief im Herzen sich verschließen.

Herb und kalt der Wind sich reget,
Dunkle Wolken ziehn am Himmel,
Und es flimmern keine Sterne.

Wie sie ruhn auf dem Gefilde,
Ruhn mir in der tiefsten Seele
Dunkle Nacht und herber Winter.

Leise hallen aus der Ferne
Töne, die den Tag verkünden. –
Wird der Tag denn sich erhellen?

Freudebringend dem Gefilde
Wird er strahlen, Nacht entschweben,
Herber Winter auch entfliehen,

Und des Jahres Kreis sich wenden,
Und der junge Lenz in Liebe
Nahen der verjüngten Erde.

Mir nur, mir nur ewger Winter,
Ewge Nacht und Schmerz und Tränen,
Kein Tag, keines Sternes Flimmer! (1803)

Wilhelm Müller

Die Winterreise. In 12 Liedern.

1. Gute Nacht!

Fremd bin ich eingezogen,
Fremd zieh' ich wieder aus.
Der Mai war mir gewogen
Mit manchem Blumenstrauß:
Das Mädchen sprach von Liebe,
Die Mutter gar von Eh' –
Nun ist die Welt so trübe,
Der Weg gehüllt in Schnee.

Ich kann zu meiner Reisen
Nicht wählen mit der Zeit,
Muss selbst den Weg mir weisen
In dieser Dunkelheit.
Es zieht ein Mondenschatten
Als mein Gefährte mit,
Und auf den weißen Matten
Such' ich des Wildes Tritt.

Was soll ich länger weilen,
Dass man mich trieb hinaus?
Lass irre Hunde heulen
Vor ihres Herren Haus.
Die Liebe liebt das Wandern –
Gott hat sie so gemacht. –
Von einem zu dem andern –
Fein Liebchen, gute Nacht!

Will dich im Traum nicht stören,
Wär' schad' um deine Ruh;
Sollst meinen Tritt nicht hören –
Sacht, sacht, die Türe zu!
Schreib im Vorübergehen
Ans Tor dir *Gute Nacht,*

Damit du mögest sehen,
Ich hab' an dich gedacht.

3. Gefrorne Tränen

Gefrorne Tropfen fallen
Von meinen Wangen ab:
Ob es mir denn entgangen,
Dass ich geweinet hab'?

Ei Tränen, meine Tränen,
Und seid ihr gar so lau,
Dass ihr erstarrt zu Eise,
Wie kühler Morgentau?

Und dringt doch aus der Quelle
Der Brust so glühend heiß,
Als wolltet ihr zerschmelzen
Des ganzen Winters Eis?

5. Der Lindenbaum

Am Brunnen vor dem Tore
Da steht ein Lindenbaum:
Ich träumt' in seinem Schatten
So manchen süßen Traum.

Ich schnitt in seine Rinde
So manches liebe Wort;
Es zog in Freud' und Leide
Zu ihm mich immer fort.

Ich musst' auch heute wandern
Vorbei in tiefer Nacht,
Da hab' ich noch im Dunkel
Die Augen zugemacht.

Und seine Zweige rauschten,
Als riefen sie mir zu:
Komm her zu mir, Geselle,
Hier findst du deine Ruh'!

Die kalten Winde bliesen
Mir grad' ins Angesicht;
Der Hut flog mir vom Kopfe,
Ich wendete mich nicht.

Nun bin ich manche Stunde
Entfernt von jenem Ort,
Und immer hör ich's rauschen:
Du fändest Ruhe dort!

7. Der Wegweiser

Was vermeid' ich denn die Wege,
Wo die andern Wandrer gehn,
Suche mir versteckte Stege
Durch beschneite Felsenhöhn?

Habe ja doch nichts begangen,
Dass ich Menschen sollte scheun –
Welch ein törichtes Verlangen
Treibt mich in die Wüstenein?

Weiser stehen auf den Straßen,
Weisen auf die Städte zu,
Und ich wandre sonder Maßen,
Ohne Ruh', und suche Ruh'.

Einen Weiser seh' ich stehen
Unverrückt vor meinem Blick;
Eine Straße muss ich gehen,
Die noch keiner ging zurück.
(1823)

Heinrich Heine
Neuer Frühling XLII

Verdrossnen Sinn im kalten Herzen hegend,
Reis' ich verdrießlich durch die kalte Welt,
Zu Ende geht der Herbst, ein Nebel hält
Feuchteingehüllt die abgestorbne Gegend.

Die Winde pfeifen, hin und her bewegend
Das rote Laub, das von den Bäumen fällt,
Es seufzt der Wald, es dampft das kahle Feld,
Nun kommt das Schlimmste noch, es regent!
(1827)

XII »Nun ist es Zeit, dass ich mit Verstand« – Neue Töne

Wilhelm Müller

Tränenregen

Wir saßen so traulich beisammen
Im kühlen Erlendach,
Wir schauten so traulich zusammen
Hinab in den rieselnden Bach.

Der Mond war auch gekommen,
Die Sternlein hinterdrein,
Und schauten so traulich zusammen
In den silbernen Spiegel hinein.

Ich sah nach keinem Monde,
Nach keinem Sternenschein,
Ich schaute nach ihrem Bilde,
Nach ihren Augen allein.

Und sahe sie nicken und blicken
Herauf aus dem seligen Bach,
Die Blümlein am Ufer, die blauen,
Sie nickten und blickten ihr nach.

Und in den Bach versunken
Der ganze Himmel schien,
Und wollte mich mit hinunter
In seine Tiefe ziehn.

Und über den Wolken und Sternen
Da rieselte munter der Bach,
Und rief mit Singen und Klingen:
Geselle, Geselle, mir nach!

Da gingen die Augen mir über,
Da ward es im Spiegel so kraus;
Sie sprach: »Es kommt ein Regen,
Ade, ich geh nach Haus.«
(1821)

Heinrich Heine
Fragen

Am Meer, am wüsten, nächtlichen Meer
Steht ein Jüngling-Mann,
Die Brust voll Wehmut, das Haupt voll Zweifel,
Und mit düstern Lippen fragt er die Wogen:

»O löst mir das Rätsel des Lebens,
Das qualvoll uralte Rätsel,
Worüber schon manche Häupter gegrübelt,
Häupter in Hieroglyphenmützen,
Häupter in Turban und schwarzem Barett,
Perückenhäupter und tausend andre
Arme, schwitzende Menschenhäupter –
Sagt mir, was bedeutet der Mensch?
Woher ist er gekommen? Wo geht er hin?
Wer wohnt dort oben auf goldenen Sternen?

Es murmeln die Wogen ihr ew'ges Gemurmel,
Es weht der Wind, es fliehen die Wolken,
Es blinken die Sterne, gleichgültig und kalt,
Und ein Narr wartet auf Antwort.
(1827)

Heinrich Heine
(Nun ist es Zeit, dass ich mit Verstand)

Nun ist es Zeit, dass ich mit Verstand
Mich aller Torheit entled'ge;
Ich hab' so lang als ein Komödiant
Mit dir gespielt die Komödie.

Die prächt'gen Kulissen, sie waren bemalt
Im hochromantischen Stile;
Mein Rittermantel hat goldig gestrahlt,
Ich fühlte die feinsten Gefühle.

Und nun ich mich gar säuberlich
Des tollen Tands endled'ge,
Noch immer elend fühl' ich mich,
Als spielt ich noch immer Komödie.

Ach Gott, ich hab' ja unbewusst
Gesprochen was ich gefühlet;
Ich hab' mit dem Tod in der eignen Brust
Den sterbenden Fechter gespielet.
(1825)

Materialien

I Zugänge

1 Wassily Kandinsky: Romantische Landschaft

Wassily Kandinsky (1866–1944): Romantische Landschaft, 1911, Öl auf Leinwand

2 Haus zu verkaufen

Biete: Romantische Finca auf Mallorca für 285.000 Euro

Romantische Finca auf Mallorca Nähe Porto Cristo (3 km)

- 800 m zum Meer
- 9375 qm Grund mit Natursteinmauer umrandet
- Bebaut mit 2 sehr individuellen Wohngebäuden
  und 4 kleinen Steinhäuschen sowie einem Energiehaus
  Stadtwasseranschluss und eigene Zisterne ist vorhanden
  Strom wird über Solar- und Windenergie erzeugt
  Grundstück weiter ausbaufähig, Bebauung bis ca. 300 qm
  möglich
- Ausstattung der Gebäude ist einfach, natürlich, rustikal
  Traumhafte ruhige Lage mit Weitblick und interessantem
  Baumbestand
- 30 unterschiedliche Fruchtbäume

für 285.000 Euro

3 Lienhard Wawrzyn: Sind Sie romantisch? – Zur Sozialgeschichte eines Gefühls

„... mal so richtig abfahren": Romantik als Verhaltensweise

„Berlin: Akademisch ‚angehauchte' Frau (35/1,75/62) mit Sommersprossen, Lachfalten und etwas ‚Vergangenheit', im Beruf eigenständig, mit Interesse für Kunst, Musik, Literatur, sucht liebevollen, geistig lebendigen (Ehe-)Partner, – nicht ohne Sinn für Romantik. ZK 6104 Die Zeit."
Diese Heiratsanzeige ist ein beliebtes Beispiel dafür, wie unserer Tage das Wort „Romantik" in umgangssprachlichen Bedeutungen auftaucht. Es bezeichnet eine Gefühlshaltung, die auf einen persönlichen und intimen Bereich bezogen ist. Mit dieser Alltagsbedeutung unterscheidet sich die Romantik von anderen Epochenstilen, wie z. B. der Klassik, die in einem mehr vermittelten Verhältnis zum täglichen Leben derjenigen standen, die mit dieser Kunst umgingen.
„Romantik", das war nie nur jene Kunstrichtung, die in Deutschland zur Zeit um 1800 ihre Konjunktur hatte und bei der wir an Poeten denken wie Novalis, an Maler wie Caspar David Friedrich und an Theoretiker wie die Gebrüder Grimm. Die Romantik hat sich des *Lebens* der Bürger bemächtigt. Die Volkstümlichkeit der romantischen Kunst beruhte darauf, dass hier ein Stück bürgerliches *Lebensgefühl* ausgedrückt wurde. Die Bürger suchten Formen, um dieses Gefühl auszuleben. Die Kunst schien dafür Hilfestellungen anzubieten. Noch heute verbinden wir mit „Romantik" nicht nur *Kunst*, sondern auch *Verhaltensweisen*, die mit Kunst wenig zu tun haben, und eine Umgebung, die solche Verhaltensweisen begünstigt

(1978)

4 Zur Wortgeschichte des Begriffes „Romantik“

Die Etymologie des Adjektivs „romantisch“ ist weitverzweigt. Auf der frühesten Stufe des altfranzösischen Wurzelwortes „romanz“ bezeichnete es die romanische Volkssprache im Gegensatz zum Latein der Gelehrten, dann heftete es sich an provenzalische Vers- und Prosaerzählungen, um sich dann auf alles, was in den Geschichten fürs Volk an hohen Gefühlen, wilden Abenteuern und fantastischen Einfällen vorkam, zu beziehen. Auch das spätere Wort „Roman“ ging aus diesem Umkreis hervor, um 1650 bedeutete das englische Wort „romantick“ so viel wie „in einem Roman“. Das Adjektiv deckte somit eine große Bandbreite vom Unheimlich-Okkulten bis zur feinsten Seelenregung ab. Im frühen 18. Jahrhundert stieß dazu aus den Reiseberichten die Qualität eines Gegensatzes zu einer überzivilisierten Welt und ständisch eingeengten Wirklichkeit: Romantisch war zum Beispiel das ferne exotische Inselparadies oder die Alpenlandschaft mit ihren scheinbar so freien Bewohnern. Das Wort transportierte den utopischen Gegenentwurf eines reicheren und freieren Lebens. In der oben genannten Vielfalt und mit der Ernsthaftigkeit seiner kulturkritischen Dimension wurde es dann kurz vor 1800 in Deutschland zur Bezeichnung einer neuen Kunst hergenommen. Heute ist der Sinnbereich des Adjektivs „romantisch“ mit Synonymen wie „märchenhaft“, „wunderbar“, „unwirklich“ und „geisterhaft“ zu umschreiben, die kulturkritische Qualität ist ihm abhanden gekommen.

Die Hauptwörter „Romantik“ und „Romantiker“ sind deutsche Neubildungen aus der Zeit um 1800, von Anfang an in ihrem Gehalt schwankend, ihr Schöpfer ist Novalis, er brauchte sie zur Bezeichnung für eine bestimmte neue Romankunst („Heinrich von Ofterdingen“, 1802). Bald darauf wurden die Substantive zu Kampfbegriffen zwischen anerkannten und neuen Gruppierungen von Autoren oder wurden seitens der etablierten Weimarer Kunstszene zur Kennzeichnung einzelner missliebiger Tendenzen benutzt. In diesem polemischen Umfeld wurden die Wörter zu festen Begriffen für die heute gängige Gruppen- und Epochenbezeichnung.

(2003)

II Sehnsucht nach Italien

1 Ludwig Richter: Aufbruch nach Italien

Auch der junge deutsche Maler Ludwig Richter (1803–1844) wird, wie so viele seiner Generation, von der Sehnsucht nach dem goldenen Süden ergriffen.

Alle wollten das neue Licht an seiner Quelle schauen, es war, als strömte ein wundersames Pulsieren aus der so fernen Alma Roma in alle jungen Herzen, und von einer Sehnsucht, einem begeisterten Zug wurden sie ergriffen wie die Wandervögel, wenn der Frühling kommt. (...)
Frisch und wohlgemut fühlte ich mich nach den genossenen Rasttagen in Innsbruck und marschierte dem Brenner zu. Durch die frische Morgenluft, die rasche Bewegung, den Entschluss: nun ohne Kreuz- und Querzüge den geraden Weg nach dem ersehnten Italien – nach Rom zu wandern, innerlich geistig angeregt, schritt ich rasch, voll Jugendlust, Kraft und Mut des Weges.
Es war ein Nebelmorgen, die Wolken zerrannen, blauer Himmel und Sonnenschein lachten die schöne Gegend an, und ich freute mich der verschiedenen Passagiere auf der Straße. Zuerst kam ein Bauer, der mir freundlich einen abkürzenden Fußweg zeigte; Handwerksburschen hinkten schwer bepackt und still grüßend vorüber. Ein paar vornehme Kavaliere mit ihren Dienern hinterdrein überritten mich armen Fußgänger beinahe, obwohl ich wegen des Abgrundes zur Seite nicht ausweichen konnte, und die Reitgerte fuhr mir übers Gesicht, was der Gnädige nicht merkte. Vetturinis[1], mit Reisenden gefüllt und mit Koffern beladen, wurden eingeholt und überholt. Ein Kapuziner, bleiches Gesicht, roter Bart, einen langen Stab in der einen, einen Korb in der anderen Hand, zog ernst grüßend seines Weges. Mittags endlich im Wirtshaus lärmten und tollten Soldaten, und die frischen, lustigen Gesichter der Kellnerinnen hatten nur für diese lustigen Vögel Augen und Ohren. Alle diese Staffagen vergnügten mich sehr, und zwischendurch erdachte ich mir Bilder, die zu malen wären.

1 Ital. Reisekutschen.

Schon bei Bozen trat mir der veränderte Charakter der Berglinien bedeutsam entgegen. Die fantastischen, grandiosen Spitzen waren verschwunden, es lagerte sich alles beruhigter, in feinen, höchst mannigfaltig geschwungenen Umrissen. Statt des überwältigend Erhabenen trat großartige Schönheit und Anmut an die Stelle. Ein Unterschied, wie zwischen der Kraft der deutschen Sprache und der dolcezza[2] des italienischen Lautes, wie zwischen dem deutschen Dombau und den Tempelbauten von Paestum. Wie das Land, so das Gewächs!

Endlich hielt der Wagen unter dem Tore Roms, wo die Pässe abgenommen wurden. Der Torschreiber gab uns eiligst die Passierscheine, und es stand auf dem meinigen, dass „il Signor Landschaft“ am 28. September einpassiert sei.

Der Mittagstisch im „Lepre“ und noch mehr die obskure und höchst ursprüngliche Osteria di Tritone, welche am Abend besucht wurde, machte mich bald mit der jüngeren Generation der Genossen bekannt. Es war hier, wie beim ersten Pfingstfeste, ein Gemisch aller möglichen deutschen Dialekte; man hörte da die Bayern und Schwaben, die Österreicher und Rheinländer, die Norddeutschen, Dänen und Livländer in ihren Zungen reden, und die Landsleute, zahlreich vertreten, glänzten in einigen Prachtexemplaren im pikantesten Sächsisch.

Hier in Rom, das sah ich, war der herrlichste Frühling angebrochen und im vollen Zuge! In der ganzen Künstlerschar deutscher Zunge, die hier sich zusammengefunden hatte, wogte und wallete ein Strom der Begeisterung, der nach einem gemeinsamen Ziele hindrängte, und dem keiner sich entziehen wollte noch konnte; an diesem „neuen Leben“, diesem Frühlingswehen, nahm ein jeder teil nach dem Maßstab seiner Kräfte; es blühte eben das edelste wie das schwächste Kraut!

Die früher verschmähten, ja fast verschollenen großen Maler der vorraffaelischen Zeit waren jetzt erkannt, bewundert und fleißig studiert, und in ihrem großen stilvollen, strengen Sinn suchte man die Natur zu erfassen, ja, es war recht eigentlich, nachdem der Zopf überwunden, eine Rückkehr zur Naturwahrheit, eine Wiedergeburt aus dem Geiste der ältesten großen Kunst.

(1823–1826)

2 Ital. Süße.

2 Joseph von Eichendorff: Aus dem Leben eines Taugenichts

Unterwegs erfuhr ich, dass ich nur noch ein paar Meilen von Rom wäre. Da erschrak ich ordentlich vor Freude. Denn von dem prächtigen Rom hatte ich schon zu Hause als Kind viele wunderbare Geschichten gehört, und wenn ich dann an Sonntagnachmittagen vor der Mühle im Grase lag und alles ringsum so still war, da dachte ich mir Rom wie die ziehenden Wolken über mir, mit wundersamen Bergen und Abgründen am blauen Meer und goldnen Toren und hohen glänzenden Türmen, von denen Engel in goldnen Gewändern sangen.
Die Nacht war schon wieder lange hereingebrochen, und der Mond schien prächtig, als ich endlich auf einem Hügel aus dem Walde heraustrat und auf einmal die Stadt in der Ferne vor mir sah. – Das Meer leuchtete von weitem, der Himmel blitzte und funkelte unübersehbar mit unzähligen Sternen, darunter lag die heilige Stadt, von der man nur einen langen Nebelstreif erkennen konnte, wie ein eingeschlafener Löwe auf der stillen Erde, und Berge standen daneben, wie dunkle Riesen, die ihn bewachten.

(1826)

Ippolito Caffi (1809–1866): Sicht auf Rom vom Pincio-Garten, Öl auf Leinwand

3 Wilhelm Waetzoldt: Das klassische Land

Durch die Stimmen der Völker des Nordens klingt immer wieder der Ton der Sehnsucht nach dem Süden. Italien hat die Fantasie Europas seit der Antike gefesselt: als Herz des römischen Weltreiches, als Thronsitz der Nachfolger Petri, als Zentrum der großen kaiserlichen Politik, als Schatzkammer klassischer Kunst, als Quellgebiet wiedererwachender Wissenschaft, als Mutterland freien Menschentums. Dass Italien zu einem künstlerischen Ideal wurde, ist nur eine Seite dieses großen geistesgeschichtlichen Vorganges. Die Italiensehnsucht des Nordens schließt die Italienträume der Maler und Dichter in sich; sie hat in ihnen ihren beseeltesten und ihren bleibenden Ausdruck gefunden.

Kunstwerke und Künstler, Kunstformen und Kunstfertigkeiten hatte Italien seit den Tagen des Altertums mit den europäischen Nachbarn ausgetauscht. Aber erst mit der Geburtsstunde des modernen Weltgefühls aus dem Geiste der Renaissance wurde Italien selbst: als Landschaft und als Lebensraum, als geschichtlicher Boden und als elementare Natur zum Gegenstand der künstlerischen Fantasie des Nordens. Sobald dem Nordländer das wesentliche Anderssein des Südens bewusst wurde, sobald sein eingeborenes Daseinsgefühl nach der ultramontanen[1] Ergänzung verlangte, gewann die Idee Italiens Gestalt, formte sich in Bild und Wort das Italienerlebnis des nordischen Menschen. Es ist aus dem Aufbau der abendländischen Kultur nicht mehr wegzudenken. (...)

Grundmöglichkeiten einer Auseinandersetzung des nordischen Menschen mit dem Süden ergeben sich dadurch, dass Italien sich in dreifacher Gestalt der schöpferischen Fantasie darzubieten vermag. Erstens: als bunter Stoff, d.h. als Motivquelle und als Themenschatz, zweitens: als ideale Form, in den beiden großen Bereichen der „reinen" Linie und des südlichen Lichtes, drittens: als seelischer Gehalt, d.h. nach dem besonderen Lebenswert, den Italien für das Daseinsgefühl und den historischen Sinn des Nichtitalieners besitzt.

(1927)

1 Jenseits der Berge.

III Wendung zur Religion

1 Novalis: Die Christenheit oder Europa

Es waren schöne glänzende Zeiten, wo Europa ein christliches Land war, wo *eine* Christenheit diesen menschlich gestalteten Weltteil bewohnte; *ein* großes gemeinschaftliches Interesse verband die entlegensten Provinzen dieses weiten geistlichen Reichs. – Ohne große weltliche Besitztümer lenkte und vereinigte *ein* Oberhaupt die großen politischen Kräfte. – Eine zahlreiche Zunft, zu der jedermann den Zutritt hatte, stand unmittelbar unter demselben und vollführte seine Winke und strebte mit Eifer seine wohltätige Macht zu befestigen. Jedes Glied dieser Gesellschaft wurde allenthalben geehrt, und wenn die gemeinen Leute Trost und Hilfe, Schutz oder Rat bei ihm suchten und gerne dafür seine mannigfaltigen Bedürfnisse reichlich versorgten, so fand es auch bei den Mächtigeren Schutz, Ansehn und Gehör, und alle pflegten diese auserwählten, mit wunderbaren Kräften ausgerüsteten Männer wie Kinder des Himmels, deren Gegenwart und Zuneigung mannigfachen Segen verbreitete. Kindliches Zutrauen knüpfte die Menschen an ihre Verkündigungen. – Wie heiter konnte jedermann sein irdisches Tagewerk vollbringen, da ihm durch die heiligen Menschen eine sichere Zukunft bereitet und jeder Fehltritt durch sie vergeben, jede missfarbige Stelle des Lebens durch sie ausgelöscht und geklärt wurde. Sie waren die erfahrenen Seeleute auf dem großen unbekannten Meere, in deren Obhut man alle Stürme geringschätzen und zuversichtlich auf eine sichere Gelangung und Landung an der Küste der eigentlichen vaterländischen Welt rechnen durfte.
Die wildesten, gefräßigsten Neigungen mussten der Ehrfurcht und dem Gehorsam gegen ihre Worte weichen. Friede ging von ihnen aus. – Sie predigten nichts als Liebe zu der heiligen, wunderschönen Frau der Christenheit, die mit göttlichen Kräften versehen, jeden Gläubigen aus den schrecklichsten Gefahren zu retten bereit war. Sie erzählten von längst verstorbenen himmlischen Menschen, die durch Anhängigkeit und Treue an jene selige Mutter und ihr himmlisches, freundliches Kind die

Versuchung der irdischen Welt bestanden, zu göttlichen Ehren gelangt und nun schützende, wohltätige Mächte ihrer lebenden Brüder, willige Helfer in der Not, Vertreter menschlicher Gebrechen und wirksame Freunde der Menschheit am himmlischen Throne geworden waren. Mit welcher Heiterkeit verließ man die schönen Versammlungen in den geheimnisvollen Kirchen, die mit ermunternden Bildern geschmückt, mit süßen Düften erfüllt und von heiliger erhebender Musik belebt waren. In ihnen wurden die geweihten Reste ehemaliger gottesfürchtiger Menschen dankbar in köstlichen Behältnissen aufbewahrt. – Und an ihnen offenbarte sich die göttliche Güte und Allmacht, die mächtige Wohltätigkeit dieser glücklichen Frommen, durch herrliche Wunder und Zeichen. So bewahren liebende Seelen Locken oder Schriftzüge ihrer verstorbenen Geliebten und nähren die süße Glut damit, bis an den wiedervereinigenden Tod. Man sammelte mit inniger Sorgfalt überall, was diesen geliebten Seelen angehört hatte, und jeder pries sich glücklich, der eine so tröstliche Reliquie erhalten oder nur berühren konnte. Hin und wieder schien sich die himmlische Gnade vorzüglich auf ein seltsames Bild oder einen Grabhügel niedergelassen zu haben. – Dorthin strömten aus allen Gegenden Menschen mit schönen Gaben und brachten himmlische Gegengeschenke: Frieden der Seele und Gesundheit des Leibes, zurück. Emsig suchte diese mächtige friedenstiftende Gesellschaft alle Menschen dieses schönen Glaubens teilhaftig zu machen und sandte ihre Genossen in alle Weltteile, um überall das Evangelium des Lebens zu verkünden und das Himmelreich zum einzigen Reiche auf diese Welt zu machen. Mit Recht widersetzte sich das weise Oberhaupt der Kirche frechen Ausbildungen menschlicher Anlagen auf Kosten des heiligen Sinns und unzeitigen gefährlichen Entdeckungen im Gebiete des Wissens. (...)

(1799)

2 Wilhelm Heinrich Wackenroder / Ludwig Tieck: Herzensergießungen eines kunstliebenden Klosterbruders

In der Einsamkeit eines klösterlichen Lebens, in der ich nur noch zuweilen dunkel an die entfernte Welt zurückdenke, sind nach und nach folgende Aufsätze entstanden. Ich liebte in meiner Jugend die Kunst ungemein, und diese Liebe hat mich, wie ein treuer Freund, bis in mein jetziges Alter begleitet: Ohne dass ich es bemerkte, schrieb ich aus einem inneren Drange meine Erinnerungen nieder, die du, geliebter Leser, mit einem nachsichtsvollen Auge betrachten musst. Sie sind nicht im Ton der heutigen Welt abgefasst, weil dieser Ton nicht in meiner Gewalt steht und weil ich ihn auch, wenn ich ganz aufrichtig sprechen soll, nicht lieben kann. *(1797)*

Ernst Ferdinand Oehme (1797–1855): Dom im Winter, 1821, Öl auf Leinwand

3 Heinrich Heine: Im Dom von Trient

Als ich den grünseidenen Vorhang, der den Eingang des Doms bedeckte, zurückschob, und eintrat in das Gotteshaus, wurde mir Leib und Herz angenehm erfrischt von der lieblichen Luft, die dort wehte, und von dem besänftigend magischen Lichte, das durch die buntbemalten Fenster auf die betende Versammlung herabfloss. Es waren meistens Frauenzimmer, in lange Reihen hingestreckt auf den niedrigen Betbänken. Sie beteten bloß mit leiser Lippenbewegung und fächerten sich dabei beständig mit großen, grünen Fächern, sodass man nichts hörte als ein unaufhörlich heimliches Wispern und nichts sah als Fächerschlag und wehende Schleier. Der knarrende Tritt meiner Stiefeln störte manche schöne Andacht, und große katholische Augen sahen mich an, halb neugierig, halb liebwillig, und mochten mir wohl raten, mich ebenfalls hinzustrecken und Seelensieste zu halten. Wahrlich, ein solcher Dom mit seinem gedämpften Lichte und seiner wehenden Kühle ist ein angenehmer Aufenthalt, wenn draußen Sonnenschein und drückende Hitze. Davon hat man gar keinen Begriff in unserem protestantischen Norddeutschland, wo die Kirchen nicht so komfortabel gebaut sind und das Licht so frech durch die unbemalten Vernunftscheiben hineinschießt und selbst die kühlen Predigten vor der Hitze nicht genug schützen. Man mag sagen, was man will, der Katholizismus ist eine gute Sommerreligion. Es lässt sich gut liegen auf den Bänken dieser alten Dome, man genießt dort die kühle Andacht, ein heiliges Dolce far niente, man betet und träumt und sündigt in Gedanken, die Madonnen nicken so verzeihend aus ihren Nischen, weiblich gesinnt verzeihen sie sogar, wenn man ihre eignen holden Züge in die sündigen Gedanken verflochten hat, und zum Überfluss steht noch in jeder Ecke ein brauner Notstuhl des Gewissens, wo man sich seiner Sünden entledigen kann.

(1828)

IV Tag- und Nachtstücke

1 August Wilhelm Schlegel: Tag und Nacht

Denn entweder ist es Tag, so verschwindet der Schein eures Lämpchens ganz und gar und wird lächerlich; oder es ist Nacht, so leuchten die Gestirne genugsam, und den Ungewittern und Stürmen, welche diese verdunkeln, werden auch eure schwachen sterblichen Lichterchen nicht widerstehen. Auch unser Gemüt teilt sich wie die äußere Welt zwischen Licht und Dunkel, und der Wechsel von Tag und Nacht ist ein sehr treffendes Bild unseres geistigen Daseins. (Mephistopheles im Faust: Glaub unser einem, dieses Ganze.) Der Sonnenschein ist die Vernunft als Sittlichkeit und auf das tätige Leben angewandt, wo wir an die Bedingungen der Wirklichkeit gebunden sind. Die Nacht aber umhüllt diese mit einem wohltätigen Schleier und eröffnet uns dagegen durch die Gestirne die Aussicht in die Räume der Möglichkeit; sie ist die Zeit der Träume. Einige Dichter haben den gestirnten Himmel so vorgestellt, als ob die Sonne nach Endigung ihrer Laufbahn in alle jene unzähligen leuchtenden Funken zerstöbe: Dies ist ein vortreffliches Bild für das Verhältnis der Vernunft und Fantasie: in den verlorensten Ahnungen dieser ist noch Vernunft, beide sind gleich schaffend und allmächtig, und ob sie sich wohl unendlich entgegengesetzt scheinen, indem die Vernunft unbedingt auf Einheit dringt, die Fantasie in grenzenloser Mannigfaltigkeit ihr Spiel treibt, sind sie doch die gemeinschaftliche Grundkraft unseres Wesens. Was schon in den alten Kosmogonien[1] gelehrt ward, dass die Nacht die Mutter aller Dinge sei, dies erneuert sich in dem Leben eines jeden Menschen: aus dem ursprünglichen Chaos gestaltet sich ihm durch Liebe und Hass, durch Sympathie und Antipathie die Welt. Eben auf dem Dunkel, worin sich die Wurzel unseres Daseins verliert, auf dem unauslöslichen Geheimnis beruht der Zauber des Lebens, dies ist die Seele aller Poesie.

(1801–1804)

1 Lehren von der Entstehung der Welt.

2 Gotthilf Heinrich Schubert: Die Sprache des Traumes

Im Traume, und schon in jenem Zustande des Deliriums, der meist vor dem Einschlafen vorhergeht, scheint die Seele eine ganz andre Sprache zu sprechen als gewöhnlich. Gewisse Naturgegenstände oder Eigenschaften der Dinge bedeuten jetzt auf einmal Personen, und umgekehrt stellen sich uns gewisse Eigenschaften oder Handlungen unter dem Bilde von Personen dar. Solange die Seele diese Sprache redet, folgen ihre Ideen einem andern Gesetz der Assoziation als gewöhnlich, und es ist nicht zu leugnen, dass jene neue Ideenverbindung einen viel rapideren, geisterhafteren und kürzeren Gang oder Flug nimmt als die des wachen Zustandes, wo wir mehr mit unsern Worten denken. Wir drücken in jener Sprache durch einige wenige hieroglyphische, seltsam aneinandergefügte Bilder, die wir uns entweder schnell nacheinander oder auch nebeneinander und auf einmal vorstellen, in wenigen Momenten mehr aus, als wir mit Worten in ganzen Stunden auseinanderzusetzen vermöchten: erfahren in dem Traume eines kurzen Schlummers öfters mehr, als im Gange der gewöhnlichen Sprache in ganzen Tagen geschehen könnte, und das ohne eigentliche Lücken, in einem in sich selber regelmäßigen Zusammenhange, der nur freilich ein ganz eigentümlicher, ungewöhnlicher ist.

Ohne dass wir deshalb gerade dem Traume vor dem Wachen, dem Närrischsein vor der Besonnenheit einen Vorzug geben wollen, dürfen wir uns doch nicht leugnen: dass jene Abbreviaturen[1]- und Hieroglyphensprache der Natur des Geistes in vieler Hinsicht angemessener erscheine als unsre gewöhnliche Wortsprache. Jene ist unendlich viel ausdrucksvoller, umfassender, der Ausgedehntheit in die Zeit viel minder unterworfen als diese. Die letztere müssen wir erst erlernen, dagegen ist uns jene angeboren, und die Seele versucht diese ihre eigentümliche Sprache zu reden, sobald sie im Schlafe oder Delirio aus der gewöhnlichen Verkettung etwas los und frei geworden.

(1814)

1 Abkürzungen.

Philipp Otto Runge (1777–1810): Die Nacht, 1805, Zeichnung/Feder

Philipp Otto Runge (1777–1810): Der Morgen, 1805, Zeichnung/Feder

V „Liebe lässt sich suchen, finden“

1 Christa Wolf: Der Kuß im Traume – Karoline von Günderode und Friedrich von Savigny

Karoline von Günderode, schön, begabt, mittellos und die wichtigste Lyrikerin der Frühromantik, verliebt sich unglücklich in den Juristen Friedrich von Savigny.
Christa Wolf zeichnet nach, wie sich diese Beziehung im Schaffen der Günderode niederschlägt.

Im Frühsommer 1799 hat sie Savigny auf einem Landsitz bei Freunden kennengelernt. Einer Freundin bekennt sie den „tiefen Eindruck“, den er sofort auf sie gemacht hat, schildert, wie so etwas gewöhnlich bei Mädchen ihrer Art geht: „Ich suchte es mir zu verbergen und überredete mich, es sei bloß Teilnahme an dem sanften Schmerz, den sein ganzes Wesen ausdrückt, aber bald, sehr bald belehrte mich die zunehmende Stärke meines Gefühls, daß es Leidenschaft sei, was ich fühlte.“
Allzu bekannter Vorgang. Ungewöhnlich nur, daß die heimlich Liebende – die natürlich des geliebten Mannes nicht würdig zu sein glaubt – über Büchern ihren Schmerz vergißt; sie liest Jean Pauls „Siebenkäs“, der ihr sehr gefällt, vor allem aber Herders „Ideen zur Philosophie der Geschichte der Menschheit“, die ihr ihre „eignen Leiden und Freuden in dem Wohl und Wehe der ganzen Menschheit“ vergessen machen. Da fällt sie nun deutlich aus der Rolle des Mädchens, das sich um sich selbst und ihrer Nächsten Angelegenheiten zu kümmern hat. Doch bittet sie dringlich die Freundin, ihr nur ja von „S.“ zu schreiben: „Es ist ja das einzige, was ich von ihm haben kann: Der Schatten eines Traumes.“
Man könnte abergläubisch werden: Da hat sie selbst die Formel über sich verhängt, die ihr Schicksal werden soll.
Sie will ja vereinen, was unvereinbar ist: von einem Mann geliebt werden und ein Werk hervorbringen, das sich an absoluten Maßstäben orientiert. Die Frau eines Mannes und Dichterin sein; eine Familie gründen und versorgen und mit eignen kühnen Pro-

duktionen in die Öffentlichkeit gehn – unlebbare Wünsche. Drei Männer haben in ihrem Leben eine Rolle gespielt: Savigny, Clemens Brentano, Friedrich Creuzer – drei Varianten der gleichen Erfahrung: Was sie begehrt, ist unmöglich. Dreimal erfährt sie das Unleidlichste: Sie wird zum Objekt gemacht.
Während sie liebt, sich sehnt, leidet, schweigt, lernt, dichtet; während Savigny eine erfolgreiche Karriere beginnt, die ihn auf den Stuhl des preußischen Justizministers führen wird; während Karolinens Familie insgeheim darauf wartet, daß er sich ihr erklärt – währenddes vermittelt Clemens Brentano, dem die Günderode nicht immer gleichgültig war, der sich aber seit einem peinlichen Vorfall von ihr zurückhält, die Ehe zwischen seinem Freund Savigny und seiner Schwester Kunigunde, genannt Gunda, der Freundin der Günderode. Der Kreis, in dem sie alle sich bewegen, ist klein; viele Augen sehen alles, viele Münder bereden alles. Dem Savigny, der doch eigentlich eine Professorengattin sucht, ist die Günderode nicht recht geheuer; er denkt in Schablonen, so wird er aus ihr nicht schlau. Er fragt sich, ob er „dem Gerücht glauben soll, nach dem sie kokett oder prüd oder ein starker männlicher Geist sein müsse, oder ihren blauen Augen, in denen viel sanfte Weiblichkeit wohnt.“
Heilige Unschuld. Er wird sich hüten, dem Gerücht auf den Grund zu gehn, die einander ausschließenden Behauptungen zu prüfen. Er wirbt um Gunda, die vom Genius der Familie Brentano nicht eben viel geerbt zu haben scheint, aber teil hat an der Bildung, an der Kultur ihrer Kreise. Und die gutherzig ist, großmütig darauf besteht, die Freundin Günderode als Dritte in ihren Bund zu ziehn. Wie bequem für Savigny. Da er in festen Händen ist, leistet er es sich, mit der Frau, die ihn doch fasziniert, einen launigen, ironischen, ungefährlichen Briefwechsel anzufangen, in unverbindlicher Manier. Die tut nur der weh, die liebt.
„Der liebe Gott, mein Fräulein, hat es nicht haben wollen, daß ich Ihnen einen Brief in Gießen übergeben sollte ...“
Darauf sie: „Ich nehme es in allem Ernst dem Himmel sehr übel, daß er sich so häßlich in meine Angelegenheiten mischt ...“ (...)
Die Sprache, die die Günderode mit sich selber spricht, das Gedicht, hört sich anders an.

Karoline von Günderode (1780–1806), Lithographie von C. Lang

Liebe

O reiche Armut! Gebend, seliges Empfangen!
In Zagheit Mut! In Freiheit doch gefangen.
In Stummheit Sprache
Schüchtern bei Tage,
Siegend mit zaghaftem Bangen.

Lebendiger Tod, im Einen sel'ges Leben.
Schwelgend in Not, im Widerstand ergeben.
Genießend schmachten,
Nie satt betrachten,
Leben im Traum und doppelt Leben.

Eines der ersten vollkommen offenen Liebesgedichte einer Frau in der deutschen Literatur, unverkappt, uneingekleidet. Ein Gedicht, hervorgetrieben vom unlösbaren Widerspruch, gehalten von der Spannung der einander ausschließenden Elemente,

Zeugnis dieser Spannung: gebändigte Unmittelbarkeit. „Gedichte sind Balsam auf Unstillbares im Leben."
Wer so weit gegangen ist, die Mittel ausprobiert, seine Wirkung an sich erfahren hat, kann nicht mehr zurück. Er kann nur um jeden Preis dies merkwürdige Instrument entwickeln, das, indem es einen Schmerz bewältigt, einen neuen hervorbringt: sich selbst. Dieses Subjektwerden aber läuft dem Zeitgeist entgegen, der auf Nützlichkeit, Verwertbarkeit, die Verwandlung aller Verhältnisse in Tauschwerte dringt. (...)
Zwei Monate später, kurz ehe Savigny „das Gundelchen" heiratet, schickt Karoline ihm, ihren Stolz vergessend, unter dem übermächtigen Druck der Leidenschaft ein Sonett:

Der Kuß im Traume

Es hat ein Kuß mir Leben eingehaucht,
Gestillet meines Busens tiefstes Schmachten.
Komm Dunkelheit! mich traulich zu umnachten,
Daß neue Wonne meine Lippe saugt.

In Träume war solch Leben eingetaucht.
Drum leb' ich, ewig Träume zu betrachten,
Kann aller andern Freuden Glanz verachten,
Weil nur die Nacht solch süßen Balsam haucht.

Der Tag ist karg an liebesüßen Wonnen,
Es schmerzt mich seines Lichtes eitles Prangen
Und mich verzehren seiner Sonne Gluten.

Drum birg dich Aug' dem Glanze ird'scher Sonnen!
Hüll' dich in Nacht, sie stillet dein Verlangen
Und heilt den Schmerz, wie Lethes kühle Fluten.

Diesem Gedicht, eindeutig genug – das Blatt liegt in der Deutschen Staatsbibliothek Unter den Linden –, hat sie hinzufügen müssen: „S.-g: ist wahr. Solche Dinge träumt das Günderödchen, und von wem? von jemand, der sehr lieb ist und immer geliebt wird." *(1979)*

2 Clemens Brentano an Sophie Mereau

Im Sommer 1798 lernte Brentano die verheiratete Schriftstellerin Sophie Mereau kennen. Zwei Jahre darauf beendete Sophie die Freundschaft nach verschiedenen Ungeschicklichkeiten des Dichters. Clemens schreibt ihr daraufhin verzweiflungsvoll-bittende Briefe.

Jena, Dezember 1801

Es liegt eine Hexerei in Ihnen und mir, nichts können Sie mir sagen, was mich tröstet, nichts was meinem Unglück nicht das Leben nähre, die Liebe ist ein ewiger Baum in meinem Herzen, Sie schneiden kalt die grünen Zweige nieder, die Wunden weinen, und schießen freundlicher, sehnsüchtiger hervor, und mir, o Gott beschied mir kein Wort, das Sie rührt, auch keine Silbe haben Sie für mich gehabt, die mich kränkte, keine die mich erquickte. Sie haben diesen Brief nicht an mich geschrieben, so ist Ihr Herz nicht. Einst, wie schrecklich können Sie dies Wort gebrauchen, schien ich von Ihren Leiden gerührt zu sein, und keine Liebe, war keine Liebe in mir? die ich jahrelang im Herzen nähre, zu Ihren Füßen nur war Gott in mir, nur dort war mir Schmerz so lieb wie Lust, und stehe ich leer und bloß im Leben, o Sophie, Sie haben mich erfüllt und gekleidet, und alles das, war es ein Spiel in Ihrem Leid? Sie sind nicht so, Sie sind nicht ruhig, wenn Sie so höfliche Briefe an einen Menschen schreiben, dem Sie nicht begegnen wollen, um nicht wahr zu sein. O sollte ich Ihr Leid nicht lieben, da Ihr Leid mich nur erquickte, Ihr Leben meines Elends Bedingnis war, und nun kein Leid in Ihnen, und immer bleibt Ihr Leben, was es mir gewesen. Sie glauben mir nicht, so stehe es für Gott hier, der mir Tränen gibt, durch die ich Sie erblicke, wahrlich seit Sie mich verwandelten, ist keine frohe Minute in mein Herz gekommen, ich habe nur in Tränen gelächelt, und alle Welt ist gestorben, außer Ihnen, seit Sie mich berührten, blind stehe ich, sehe keine Sonne und kein Grün, Ihr Bild nur sehe ich, mit feindlicher Gewalt von mir gewendet, denn es ist nur Gewalt, Sie sind nicht so, nie ist ein treues liebendes Herz so gemissbraucht, als das meine, (...) So wie es jetzt mit Ihnen ist, so wird es auch nicht bleiben, glücklich werden Sie so nimmer, was ich habe ist Ihr, Gott wird mir es wieder geben, das

Leben, das ich verstoßen neben Ihnen für Sie lebe. Für keinen Besitz rühre ich die Hände, für keine Liebe habe ich das warme Leben, ich blühe froh und Freude schaffend neben Ihnen auf, und über mein Verzweiflen werden Sie dann lächeln, wie wir über Fablen[1] lächeln, die von unsrer Geschichte schmerzlich naive Kinderjahre erzählen – o wie wird mir es im Herzen silbern und klingend, wunderbare Worte, ferne Worte die mir nahe sind, so wird es Sophie und das andre wäre, sterben, vergehen so für Sie, lösen muss sich die Liebe in der Liebe, in Lust oder Tod, und ist nicht Lust in Tod und Tod in Lust – Sie haben mir oft mitten in der Lust ein bisschen ins Herz gestochen, Sie haben einmal gesagt, meine Briefe geben einen Roman, ach Gott, wie weh tat das? und jetzt ist diese Lust zu schreiben, an Sie zu schreiben, all mein Leben, (...)

1 Gemeint sind Fabeln.

VI Frauenbilder

1 Gegenpole

Leonardo da Vinci (1452–1519): Madonna in der Felsengrotte, 1483–1486, Öl auf Leinwand

Ferdinand Marternsteig: Loreley, 1852/1853

2 Joseph von Eichendorff: Ahnung und Gegenwart

In Eichendorffs Roman „Ahnung und Gegenwart" berichtet der Titelheld von einem lebenden Bild, das während einer Ballveranstaltung aufgeführt wird.

Bald darauf wurde zu seinem Erstaunen auch der einzige Kronleuchter hinaufgezogen. Eine undurchdringliche Finsternis erfüllte nun plötzlich den Raum und er hörte ein quiekendes, leichtfertiges Gelächter unter den jungen Frauenzimmern über den ganzen Saal. Wie sehr aber fühlte er sich überrascht, als auf einmal ein Vorhang im Vordergrund niedersank und eine unerwartete Erscheinung von der seltsamsten Erfindung sich den Augen darbot.

Man sah nämlich sehr überraschend ins Freie, überschaute statt eines Theaters die große, wunderbare Bühne der Nacht selber, die vom Monde beleuchtet draußen ruhte. Schräge über die Gegend hin streckte sich ein ungeheurer Riesenschatten weit hinaus, auf dessen Rücken eine hohe, weibliche Gestalt erhoben stand. Ihr langes weites Gewand war durchaus blendendweiß, die eine Hand hatte sie ans Herz gelegt, mit der andern hielt sie ein Kreuz zum Himmel empor. Das Gewand schien ganz und gar von Licht durchdrungen und strömte von allen Seiten einen milden Glanz aus, der eine himmlische Glorie um die ganze Gestalt bildete und sich ins Firmament zu verlieren schien, wo oben an seinem Ausgange einzelne wirkliche Sterne hindurchschimmerten. Rings unter dieser Gestalt war ein dunkler Kreis hoher, traumhafter, fantastisch ineinander verschlungener Pflanzen, unter denen unkenntlich verworrene Gestalten zerstreut lagen und schliefen, als wäre ihr wunderbarer Traum über ihnen abgebildet. Nur hin und her endigten sich die höchsten dieser Pflanzengewinde in einzelne Lilien und Rosen, die von der Glorie, der sie sich zuwandten, berührt und verklärt wurden und in deren Kelchen goldene Kanarienvögel saßen und in dem Glanze mit den Flügeln schlugen. Es war ein Ritter, der sich, der glänzenden Erscheinung zugekehrt, auf beide Knie aufgerichtet hatte und auf ein Schwert stützte, und dessen goldene Rüstung von der Glorie hell beleuchtet wurde. Von der andern Seite stand eine schöne, weibliche Gestalt in griechischer Kleidung, wie die Alten ihre Göttinnen abbildeten. Sie war mit bunten, vollen Blumengewinden umhangen und hielt mit beiden aufgehobenen Armen eine Zimbel, wie zum Tanze, hoch in die Höh, sodass die ganze regelmäßige Fülle und Pracht der Glieder sichtbar wurde. Das Gesicht erschrocken von der Glorie abgewendet, war sie nur zur Hälfte erleuchtet; aber es war die deutlichste und vollendetste Figur. Es schien, als wäre die irdische, lebenslustige Schönheit von dem Glanze jener himmlischen berührt, in ihrer bacchantischen Stellung plötzlich so erstarrt. Je länger man das Ganze betrachtete, je mehr und mehr wurde das Zauberbild von allen Seiten lebendig. Die Glorie der mittelsten Figur spielte in den Pflanzengewinden und den zitternden Blätterspitzen der nächststehenden Bäume. Im Hintergrunde sah man noch einige Streifen des Abendrots am Himmel stehen, fernes, dunkelblaues Gebirg, und hin und wieder den Strom aus der weiten Tiefe wie Silber aufblickend. Die ganze Gegend schien in erwartungsvoller Stille zu feiern, wie vor einem großen Morgen, der das geheimnisvoll gebundene Leben in herrlicher Pracht lösen soll. (...)

(1812)

VII Lieder im Volkston

1 Achim von Arnim: Nachschrift an den Leser

Achim von Arnim hat die erste Auflage der Volksliedersammlung „Des Knaben Wunderhorn“, die er gemeinsam mit Clemens Brentano herausgab, mit einem Nachwort versehen.

Titelbild des ersten Bandes von „Des Knaben Wunderhorn“, 1806

Von dieser unsrer Sammlung kann ich nur mit ungemeiner Neigung reden, sie ist mir jetzt das liebste Buch, was ich kenne, nicht was mein Freund Brentano und ich dafür getan, ungeachtet es gern geschehen, sondern was innerlich darin ist und weht, die frische Morgenluft altdeutschen Wandels. Wär ich ein Bienenvater, ich würde sagen, es war der letzte Bienenstock, er wollte eben wegschwärmen, es hat uns wohl Mühe gemacht, ihn im alten Haus zu sammeln, bewahrt ihn, stört ihn nicht, genießt seines Honigs wie recht. Unrecht ist es, für die einzelne Schönheit einer Gegend aufzuwecken, den sie in schönere Träume vertieft, darum kein näheres Wort über die bedeutende Schönheit jedes einzelnen dieser Lieder, bloß literarische Merkwürdigkeit ist meines Wissens keins, jedes atmet, pulsiert in sich, lauter frische, spielende, ringende Kinder, keine hölzerne Puppen, die selbst echte Dichter, aus Angewohnheit des Bildens, ihren echten Kindern nachmachen.

Heidelberg im Juli 1805

2 Achim von Arnim: Zweite Nachschrift an den Leser

In der Wiederauflage der Liedersammlung 13 Jahre später räumt Arnim ein, die gesammelten Lieder bearbeitet zu haben.

Titelbild des zweiten Bandes, 1808

Die eigentliche Geschichte war mir damals unter der trübsinnigen Last, die auf Deutschland ruhte, ein Gegenstand des Abscheus, ich suchte sie bei der Poesie zu vergessen, ich fand in ihr etwas, das sein Wesen nicht von der Jahreszahl borgte, sondern das frei durch alle Zeiten hindurch lebte. Dieses Wesen, das mich in neuen und alten Schriften gleich lebhaft anregte, suchte ich in seinen sichtbarsten Zeichen auch andern mitzuteilen, ich verschmähte es nicht, wo ich es in mir selbst zu entdecken glaubte, und so wurden auch die beiden folgenden Bände ein Aufnehmen des Fremden in uns. Es würde uns jetzt fast unmöglich sein, durch Zeichen, wie einige gewünscht haben, anzudeuten, wo die Restauration anfängt und das Alte aufhört.

Berlin, den 20. September 1818

3 Clemens Brentano: Die Chronika des fahrenden Schülers (1802–1806)

Das Erste, dessen ich mich aus frühster Jugend von meiner Mutter recht deutlich erinnre, ist, dass sie mich lehrte, mich mit dem Zeichen des heiligen Kreuzes zu bezeichnen und die Hände zu falten und das Vaterunser und den englischen Gruß zu beten. Sie sagte mir die Gebete vor, ich schaute nach ihren Lippen und sprach ihr nach, und ich erinnere mich noch recht sehr deutlich meiner großen Freude, als ich zum ersten Male abends neben ihr an ihrem Betschemel kniete, und diese heiligen Gebete mit ihr fertig und ohne Fehl sprach. Jetzt noch, wenn ich bete, ist es mir oft, als schaute ich nach ihren Lippen und spräche ihr nach. Sie war arm, fromm und arbeitsam, und wenn ich sie gleich später in mancherlei Geschäft gesehen, schwebt mir ihr Bild doch meistens betend, singend oder spinnend vor Augen. Wenn sie mich manchmal abends schon im Bette entschlafen glaubte, wachte ich noch und horchte auf das Schnurren ihrer Spindel und ihren rührenden Gesang; denn sie saß spät auf, ihr Brot in Ehren zu verdienen. Der Anblick meiner holdseligen Mutter, wenn sie so bei Lampenschein vor sich hin sang und spann, rührte mich oft bis zu Tränen; warum, das weiß der liebe Gott gewiss, zu dem ich wohl zuhörend mit kindischem Herzen für sie gebetet habe. Einmal weiß ich, dass ich gar sehr weinen musste; als ich sie nachts bei ihrem Rocken[1] so vor sich hin singen hörte, da fing eine Nachtigall vor unserm Fenster auch an zu singen; es war schon sehr spät, und der volle Mond schien klar und hell. Meine Mutter aber hörte nicht auf zu singen, und sang das Vöglein und sie zugleich. Da habe ich zum ersten Mal Traurigkeit empfunden und kindische Sorgen um den Ernst des Lebens gehabt, die ich wohl noch fühle, aber nicht auszusprechen vermag; da habe ich mich auch leise im Bette aufgerichtet und meiner Mutter zugehört. Sie sang aber ein Lied, das lautete also:

Es sang vor langen Jahren
Wohl auch die Nachtigall,
Das war wohl süßer Schall,
Da wir zusammen waren.

Ich sing und kann nicht weinen
Und spinne so allein
Den Faden klar und rein,
Solang der Mond wird scheinen.

Da wir zusammen waren,
Da sang die Nachtigall;
Nun mahnet mich ihr Schall,
Dass du von mir gefahren.

So oft der Mond mag scheinen,
Gedenk ich dein allein;
Mein Herz ist klar und rein,
Gott wolle uns vereinen!

Seit du von mir gefahren,
Singt stets die Nachtigall;
Ich denk bei ihrem Schall,
Wie wir zusammen waren.

Gott wolle uns vereinen,
Hier spinn ich so allein,
Der Mond scheint klar und rein,
Ich sing und möchte weinen!

Besonders traurig aber kam es mir vor, dass der Vogel und meine Mutter zugleich sangen und doch nicht recht miteinander, und hätte ich damals wohl wissen mögen, ob der Vogel auch in seinem Gesange meiner Mutter gedachte, und ob er auch lieber geweint als gesungen hätte. Ich fragte darum meine Mutter mit den Worten: Mutter, was singt denn die Nachtigall dazu? Da sagte sie: Die Nachtigall sehnt sich und lobet Gott, also tue ich auch. Aber, Johannes, warum wachst du? Schlafe, du musst morgen früh heraus (...)

---

1 Spinnrocken oder Kunkel: stabförmiges Gerät zur Befestigung unversponnener Fasern.

Clemens Brentano bedient sich für sein Lied bei verschiedenen Vorbildern.

4 Johann Wolfgang von Goethe: Faust I, Gretchens Stube

Gretchen am Spinnrad allein.

Meine Ruh ist hin,
Mein Herz ist schwer,
Ich finde sie nimmer
Und nimmermehr.

Wo ich ihn nicht hab,
Ist mir das Grab.
Die ganze Welt
Ist mir vergällt.

Mein armer Kopf
Ist mir verrückt,
Mein armer Sinn
Ist mir zerstückt.

Nach ihm nur schau ich
Zum Fenster hinaus,
Nach ihm nur geh ich
Aus dem Haus.

Sein hoher Gang,
Sein' edle Gestalt,
Seines Mundes Lächeln,
Seiner Augen Gewalt.

Und seiner Rede
Zauberfluss,
Sein Händedruck,
Und ach, sein Kuss!

Mein Busen drängt
Sich nach ihm hin.
Ach dürft ich fassen
Und halten ihn.

Und küssen ihn,
So wie ich wollt,
An seinen Küssen
Vergehen sollt!

(1808)

5 Hans Jacob Christoffel von Grimmelshausen: Der abenteurliche Simplicissimus, VII. Kapitel

... ohngefähr um Mitternacht erwachte ich wieder und hörete ihn folgendes Lied singen, welches ich hernach auch gelernet:

Komm Trost der Nacht, o Nachtigall,
Lass deine Stimm mit Freudenschall
Aufs lieblichste erklingen
Komm, komm, und lob den Schöpfer dein,
Weil andre Vöglein schlafen sein,
Und nicht mehr mögen singen:
Lass dein
Stimmlein
Laut erschallen,
Dann vor allen
Kannst du loben
Gott im Himmel hoch dort oben.

(1669)

6 Brief Achim von Arnims an Clemens Brentano

9. Juli 1802

Es ist das Lied einer Nachtigall, die mit den Kleinen verhungert, weil ihr Männlein gefangen und sie beständig die Kleinen wärmen muss und nicht nach Futter ausfliegen kann ...

Vergessen ist die frohe Weis'
Mein Lieber ist schon lange fern;
Im Hause hör ich seine Weis'
Er klagt zu uns, er käm so gern.

So Tage bis zum Abendstern,
Ich klage, dass nichts laben kann.
So Nächte bis zum Morgenstern,
Statt Wärme wehn uns Sorgen an.

7 Richard Alewyn: Der Spinnerin Lied

Dies ist kein schwieriges Gedicht. Es verlangt keinerlei Bemühung des Gedankens oder des Gefühls. Es gleitet mühelos ins Ohr, so gewaltlos, dass die Aufmerksamkeit eher eingeschläfert wird als angestrengt, ein eintöniger Wellenschlag ohne Spannungen oder Stauungen, ohne Wechsel der Tonhöhe oder Tonstärke. Einfach ist die Sprache: schlichte Worte, kurze, aneinandergereihte Sätze ohne syntaktischen Aufwand.
Das Gedicht verlangt auch keine literaturhistorischen oder biografischen Vorkenntnisse. Man braucht durchaus nicht zu wissen, wann und von wem es gemacht worden ist, wenn auch, wer sich auskennt, weiß, dass nur ein Dichter der deutschen Romantik, und unter diesen keiner als Brentano dieses Gedicht hätte machen können. Der Dichter behelligt uns nicht mit seiner Person, seinen Gedanken, Gefühlen oder Erlebnissen. Wer hier „ich" sagt, ist nicht der Verfasser, auch nicht eine vom Verfasser vorgenommene Maske, hinter der er sich versteckte, um sich um so ungehemmter ergießen zu können. Das Lied singt von selber, es singt sich selber, es singt von sich selber. Und damit ist nichts gesagt, als dass es reine lyrische Substanz ist ohne fremde Trübung. Es lässt einen Menschen singen, von seinem Singen singen, vom Singen der Nachtigall, und indessen wird es gesungen, ein echter Singsang. Dieses Singen will gehört werden, denn es ist ein Wunder an Wohllaut, gewebt aus Klängen und Widerklängen. Keinem Dichter vorher oder nachher ist es wie dem Verfasser dieses Gedichts gelungen, die in der Sprache schlummernden Klänge zu entbinden. In den Reimen blühen sie auf, und an ihnen zuerst kann man ablesen, wenn man die Mühe nicht scheut, dass ihre Verschlingung keineswegs so zufällig ist, wie sie mühelos erscheint.
Sechs Strophen hat das Gedicht, jede zu vier Versen, die jeweils so angeordnet sind, dass der erste und der letzte aufeinander reimen und wiederum der zweite und der dritte, und dass die Randverse auf weibliche Reime enden, die Binnenverse auf männliche. Das macht, dass das Ende jede Strophe zu ihrem Anfang zurückzukehren scheint und jede eine zyklische Bewegung durchläuft.

Man könnte ganze Strophen miteinander vertauschen, etwa die dritte und die fünfte oder die vierte und die sechste, man könnte viele Zeilen verschiedener Strophen die Plätze wechseln lassen, ohne das Gedicht merklich zu verändern. Ja, es fehlt nicht viel, dass man es Zeile für Zeile rückwärts lesen könnte. Es wäre nur die Syntax, nicht der Sinn, was dem im Wege steht.

Wenn das Gedicht also geradezu umkehrbar ist, dann ist das ein Zeichen dafür, dass zwischen seinem Anfang und seinem Ende nichts geschehen ist, was irgendeine Folge hätte und damit eine Reihenfolge vorschriebe. Dass das Gedicht umkehrbar ist, verrät, dass die Zeit in diesem Gedicht umkehrbar ist, und das besagt: Die Zeit steht still. Und so muss das Gedicht auch durchaus nicht da aufhören, wo es endet. Wie es an jeder anderen Stelle hätte aufhören können, so könnte es auch noch lange weitergehen. Es hat überhaupt kein Ende, so wenig, wie es einen Anfang hat, und das besagt: Die Zeit verrinnt. Stillstand der Zeit oder Verrinnen der Zeit – es ist das Gleiche.

Aber wird es nicht endlich Zeit, etwas über den Inhalt des Gedichts zu sagen? Es war von nichts anderem die Rede. Gleichmäßiger Wechsel und endlose Wiederkehr, Stillstand und Verrinnen der Zeit, nichts anderes ist das Thema des Gedichts, gebannt in die Situation der verlassenen jungen Frau am Spinnrad. Im Gegensatz der A-Strophen und der Ei-Strophen dehnt die Zeit sich aus. Die A-Strophen sprechen von der verlorenen Vergangenheit – die seligen Nächte „da wir zusammen waren" –, die Ei-Strophen sprechen von der leeren Gegenwart – „hier spinn ich allein" –, die einen sind beherrscht von einem Klang, dem betörenden Singen der Nachtigall, die anderen von einem Licht, dem tröstenden Scheinen des Mondes. Zwischen diesen beiden Polen, der Vergangenheit und der Gegenwart, der Erinnerung und der Wirklichkeit, bewegen sich die Gedanken der Spinnerin. Endlos wie ihr Rad sich dreht, so geht der Spinnerin Lied.

Über dies alles ist in dem Gedicht kein Wort gesagt, es braucht nicht gesagt zu werden, weil ein Gedicht nicht zu sagen braucht, was es schon ist. Müssen wir noch hinzufügen, dass es in der deutschen Sprache kein trauriges Gedicht gibt? Eines der einfachsten und zugleich eines der kunstvollsten, die wir haben, und darum eines der schönsten.

(1974)

VIII Gespräch über Poesie: Poetik

1 Friedrich Schlegel: 116. Athenäum-Fragment

Die romantische Poesie ist eine progressive Universalpoesie. Ihre Bestimmung ist nicht bloß, alle getrennten Gattungen der Poesie wieder zu vereinigen und die Poesie mit der Philosophie und Rhetorik in Berührung zu setzen. Sie will und soll auch Poesie und Prosa, Genialität und Kritik, Kunstpoesie und Naturpoesie bald mischen, bald verschmelzen, die Poesie lebendig und gesellig und das Leben und die Gesellschaft poetisch machen, den Witz poetisieren und die Formen der Kunst mit gediegnem Bildungsstoff jeder Art anfüllen und sättigen und durch die Schwingungen des Humors beseelen. Sie umfasst alles, was nur poetisch ist, vom größten wieder mehrere Systeme in sich enthaltenen Systeme der Kunst bis zu dem Seufzer, dem Kuss, den das dichtende Kind aushaucht in kunstlosen Gesang. Sie kann sich so in das Dargestellte verlieren, dass man glauben möchte, poetische Individuen jeder Art zu charakterisieren, sei ihr Ein und Alles; und doch gibt es noch keine Form, die so dazu gemacht wäre, den Geist des Autors vollständig auszudrücken: sodass manche Künstler, die nur auch einen Roman schreiben wollten, von ungefähr sich selbst dargestellt haben. Nur sie kann gleich dem Epos ein Spiegel der ganzen umgebenden Welt, ein Bild des Zeitalters werden. Und doch kann auch sie am meisten zwischen dem Dargestellten und dem Darstellenden, frei von allem realen und idealen Interesse, auf den Flügeln der poetischen Reflexion in der Mitte schweben, diese Reflexion immer wieder potenzieren und wie in einer endlosen Reihe von Spiegeln vervielfachen. Sie ist der höchsten und der allseitigsten Bildung fähig; nicht bloß von innen heraus, sondern auch von außen hinein; indem sie jedem, was ein Ganzes in ihren Produkten sein soll, alle Teile ähnlich organisiert, wodurch ihr die Aussicht auf eine grenzenlos wachsende Klassizität eröffnet wird. Die romantische Poesie ist unter den Künsten, was der Witz der Philosophie, und die Gesellschaft, Umgang, Freundschaft und Liebe im Leben ist. Andre Dichtarten sind fertig und können nun vollständig zergliedert werden. Die romantische Dichtart ist noch im Werden; ja das ist ihr eigentliches Wesen, dass sie ewig nur werden, nie vollendet sein kann. Sie kann durch keine Theorie erschöpft werden, und nur eine divinatorische[1] Kritik dürfte es wagen, ihr Ideal charakterisieren zu wollen. Sie allein ist unendlich, wie sie allein frei ist und das als ihr erstes Gesetz anerkennt, dass die Willkür des Dichters kein Gesetz über sich leide. Die romantische Dichtart ist die einzige, die mehr als Art und gleichsam die Dichtkunst selbst ist: denn in einem gewissen Sinn ist oder soll alle Poesie romantisch sein.

(1798–1800)

2 Novalis: Die Welt muss romantisiert werden

Novalis' Forderung, die Welt zu romantisieren, ist ebenfalls wie bei Friedrich Schlegel als Verwandlung des ganzen Welt- und Lebensgefühls zu verstehen, als Durchdringung und Vermischung sämtlicher Kunstformen und Wissenschaften. Dabei wird „der ursprüngliche Sinn" kraft der Reflexion des Ich erreicht.

Die Welt muss romantisiert werden. So findet man den ursprünglichen Sinn wieder. Romantisieren ist nichts als eine qualitative Potenzierung. Das niedre Selbst wird mit einem bessern Selbst in dieser Operation identifiziert. So wie wir selbst eine solche qualitative Potenzenreihe sind. Diese Operation ist noch ganz unbekannt. Indem ich dem Gemeinen einen hohen Sinn, dem Gewöhnlichen ein geheimnisvolles Ansehn, dem Bekannten die Würde des Unbekannten, dem Endlichen einen unendlichen Schein gebe, so romantisiere ich es – Umgekehrt ist die Operation für das Höhere, Unbekannte, Mystische, Unendliche – dies wird durch diese Verknüpfung logarithmisiert – es bekommt einen geläufigen Ausdruck. Romantische Philosophie. Lingua romana. Wechselerhöhung und Erniedrigung.

(1798)

1 Vorausahnend, seherisch.

3 Wilhelm Heinrich Wackenroder: Von zwei wunderbaren Sprachen und deren geheimnisvoller Kraft

Die Sprache der Worte ist eine große Gabe des Himmels, und es war eine ewige Wohltat des Schöpfers, dass er die Zunge des ersten Menschen löste, damit er alle Dinge, die der Höchste um ihn her in die Welt gesetzt, und alle geistigen Bilder, die er in seine Seele gelegt hatte, nennen und seinen Geist in dem mannigfaltigen Spiele mit diesem Reichtum von Namen üben konnte. Durch Worte herrschen wir über den ganzen Erdkreis; durch Worte erhandeln wir uns mit leichter Mühe alle Schätze der Erde. Nur *das Unsichtbare, das über uns schwebt*, ziehen Worte nicht in unser Gemüt herab.

Die irdischen Dinge haben wir in unsrer Hand, wenn wir ihre Namen aussprechen; – aber wenn wir die Allgüte Gottes oder die Tugend der Heiligen nennen hören, welche doch Gegenstände sind, die unser Ohr mit leeren Schallen gefüllt und unser Geist nicht, wie es sollte, erhoben.

Ich kenne aber *zwei wunderbare Sprachen*, durch welche der Schöpfer den Menschen vergönnt hat, die himmlischen Dinge in ganzer Macht, so viel es nämlich (um nicht verwegen zu sprechen) sterblichen Geschöpfen möglich ist, zu fassen und zu begreifen. Sie kommen durch ganz andere Wege zu unserm Inneren als durch die Hilfe der Worte; sie bewegen *auf einmal*, auf eine wunderbare Weise, unser ganzes Wesen und drängen sich in jede Nerve und jeden Blutstropfen, der uns angehört. Die eine dieser wundervollen Sprachen redet nur *Gott*; die andere reden nur wenige Auserwählte unter den Menschen, die er zu seinen Lieblingen gesalbt hat. Ich meine: *die Natur* und *die Kunst*. –

Seit meiner frühen Jugend her, da ich den Gott der Menschen zuerst aus den uralten heiligen Büchern unserer Religion kennenlernte, war mir die *Natur* immer das gründlichste und deutlichste Erklärungsbuch über sein Wesen und seine Eigenschaften. Das Säuseln in den Wipfeln des Waldes und das Rollen des Donners haben mir geheimnisvolle Dinge von ihm erzählet, die ich in Worten nicht aufsetzen kann. Ein schönes Tal, von abenteuerlichen Felsengestalten umschlossen, oder ein glatter Fluss, worin gebeugte Bäume sich spiegeln, oder eine heitere grüne

Wiese von dem Himmel beschienen – ach diese Dinge haben in meinem inneren Gemüte mehr wunderbare Regungen zuwege gebracht, haben meinen Geist von der Allmacht und Allgüte Gottes inniger erfüllt und meine ganze Seele weit mehr gereinigt und erhoben, als es je die Sprache der Worte vermag. Sie ist, dünkt mich, ein allzu irdisches und grobes Werkzeug, um das Unkörperliche wie das Körperliche damit zu handhaben. (...)
Die *Kunst* ist eine Sprache ganz anderer Art als die Natur; aber auch ihr ist, durch ähnliche dunkle und geheime Wege, eine wunderbare Kraft auf das Herz des Menschen eigen. Sie redet durch Bilder der Menschen und bedienet sich also einer Hieroglyphenschrift, deren Zeichen wir dem Äußern nach kennen und verstehen. Aber sie schmelzt das Geistige und Unsinnliche auf eine so rührende und bewundernswürdige Weise in die sichtbaren Gestalten hinein, dass wiederum unser ganzes Wesen und alles, was an uns ist, von Grund auf bewegt und erschüttert wird. Manche Gemälde aus der Leidensgeschichte Christi oder von unsrer Heiligen Jungfrau oder aus der Geschichte der Heiligen haben, ich darf es wohl sagen, mein Gemüt mehr gesäubert und meinem inneren Sinne tugendselige Gesinnungen eingeflößet als Systeme der Moral und geistliche Betrachtungen.

(1797)

4 Friedrich Wilhelm Hegel: Vorlesungen über die Ästhetik

Die Subjektivität ist der Begriff des ideell für sich selbst seienden, aus der Äußerlichkeit sich in das innere Dasein zurückziehenden Geistes, der daher mit seiner Leiblichkeit nicht mehr zu einer trennungslosen Einheit zusammengeht.

Ist nun (...) die innere Subjektivität der eigentliche Quell der Lyrik, so muss ihr auch das Recht bleiben, sich auf den Ausdruck rein innerlicher Stimmungen, Reflexionen usf. zu beschränken, ohne sich zu einer konkreten, auch in ihrer Äußerlichkeit dargestellten Situation auseinanderzulegen.

(...) in der Lyrik ist es eben nicht die objektive Gesamtheit und individuelle Handlung, sondern das Subjekt als Subjekt, was die Form und den Inhalt abgibt (...) Als lyrischer Inhalt (...) muss auch das Sachlichste und Substantiellste als subjektiv empfunden, angeschaut, vorgestellt oder gedacht werden.

Als den eigentlichen Einheitspunkt des lyrischen Gedichts müssen wir deshalb das subjektive Innere ansehen. Die Innerlichkeit als solche jedoch ist teils die ganze formelle Einheit des Subjekts mit sich, teils zersplittert und zerstreut sie sich zur buntesten Besonderung und verschiedenartigsten Mannigfaltigkeit der Vorstellungen, Gefühle, Eindrücke, Anschauungen usf., deren Verknüpfung nur darin besteht, dass ein und dasselbe Ich sie als bloßes Gefäß gleichsam in sich trägt. Um den zusammenhaltenden Mittelpunkt des lyrischen Kunstwerks abgeben zu können, muss deshalb das Subjekt einerseits zur konkreten Bestimmtheit der Stimmung oder Situation fortgeschritten sein, andererseits sich mit dieser Besonderung seiner als mit sich selber zusammenschließen, so dass es sich in derselben empfindet und vorstellt. Dadurch allein wird es dann zu einer sich selbst begrenzten Totalität und spricht nur das aus, was aus dieser Bestimmtheit hervorgeht und mit ihr in Zusammenhang steht.

(...) endlich wendet sich die lyrische Poesie noch in verstärktem Grade, als dies durch den bloßen Reim möglich ist, der Musik dadurch zu, dass das Wort zur wirklichen Melodie und zum Gesang wird (...) Je weniger (...) der lyrische Stoff und Inhalt für sich Selbstständigkeit und Objektivität hat, sondern vorzugsweise innerlicher Art ist und nur in dem Subjekt als solchem wurzelt, während er dennoch zu seiner Mittelung einen äußeren Haltepunkt nötig macht, umso mehr fordert er für den Vortrag eine entschiedene Äußerlichkeit. Weil er innerlicher bleibt, muss er äußerlich erregender werden. Diese sinnliche Erregung aber des Gemüts vermag nur die Musik hervorzubringen.
So finden wir denn (...) die lyrische Poesie durchgängig fast in der Begleitung der Musik.

(1820)

5 Wolfgang Frühwald: Die Kontextbindung romantischer Lyrik

Was uns in den Anthologien und den Gedichtsammlungen des 19. Jahrhunderts, die für unser Bild von romantischer Lyrik bestimmend geworden sind, als romantisches Gedicht entgegentritt, ist das – oft von späteren Herausgebern – aus seinen Kontextbindungen gelöste Lied, das, häufig überarbeitet und mit charakterisierenden Überschriften versehen, den Eindruck des Nur-Stimmungshaften erweckt (...). Doch auch dort, wo der den Vers umgebende Prosatext tatsächlich nur als Rezitativ zu beschreiben ist, büßt das aus seinem Zusammenhang gelöste Gedicht an Verständlichkeit und ‚Bedeutung' ein, was es an Klanglichkeit und Musikalität gewinnt.

Ludwig Tieck (...) hat sich bei der Sammlung seiner Gedichte in den Jahren 1821 bis 1823 gegen die unmittelbare Verständlichkeit und für die primäre Rezeptionsform romantischer Lyrik im 19. Jahrhundert entschieden: für das Kunstlied. Im Vorwort zum dritten Teil seiner Gedichte (1823) rechtfertigte er dieses Vorgehen und erklärte, er wisse selbst recht gut, dass die kontextgebundenen Gedichte „außer dem Zusammenhange der Erzählung oder der Dramen, immer etwas einbüßen müssen, sei es nun an Verständlichkeit, oder Bedeutung (...) Ich habe aber dennoch diejenigen Lieder und Gesänge aufgenommen, die sich der musikalischen Komposition vielleicht eignen (...)". Clemens Brentanos Gedichte wurden, aus ihren Entstehungskontexten, dem Roman, dem Schauspiel, dem Märchen, dem Brief gelöst, hauptsächlich in Fassungen Bettine von Arnims oder in solchen seiner Schwägerin Emilie Brentano und ihres Mitarbeiters Joseph Merkel tradiert, und auch Joseph von Eichendorff, der selbst eine Sammelausgabe seiner Werke veranstaltete, überließ in der für alle weiteren Ausgaben seiner Gedichte wegweisenden Sammlung von 1837 die Anordnung, die Gruppierung, die Überschriften und die Textredaktion Adolf Schöll, der sich ihm als Kritiker und als Korrektor von ‚Dichter und ihre Gesellen' (1834) empfohlen hatte.

Mit der Kontextlösung aber gewannen Gedichte, denen die zeitgenössische Kritik Unverständlichkeit, Inhaltsleere und Mysti-

zismus vorgeworfen hatte, eine zusätzliche Artifizialität, die sie dem Verständnis auch des gebildeten Lesers nochmals in Allegorie und Artistik entrückte. (...)
Freilich haben die romantischen Lyriker selbst Kontextbindung und -lösung ihrer Gedichte als ein künstlerisches Spiel gepflegt, das die Spannweite ästhetischer Formgebung erproben, das sprachliche Experiment etablieren und vor allem Musikalität und Farbigkeit der Sprache, ihre Überlegenheit über Musik und bildende Kunst belegen sollte.

(1982)

IX Zeitgeschichtliches

1 Zwischen Republik und Kaiserreich

Jan-Pierre Houël (1735–1813): Sturm auf die Bastille, 1789, Wasserfarbe

Jacques-Louis David (1748–1825): Die Krönung Napoleons, 1806/7, Öl auf Leinwand

2 Höhepunkt und Fall

Nicolas Gosse (1787–1878): Napoleon I. empfängt Königin Luise von Preußen anlässlich des Friedens von Tilsit 1807, 1837, Öl auf Leinwand

Völkerschlacht bei Leipzig 1813, Holzstich um 1900

3 Markus Schwering: Staat und Gesellschaft in Deutschland 1789–1815

Die deutschen Länder bieten am Ende des 18. Jahrhunderts das Bild einer vergleichsweise rückständischen Agrargesellschaft – wobei freilich ein starkes Entwicklungsgefälle von Westen nach Osten zu konstatieren ist. Achtzig Prozent der Bevölkerung leben auf dem Land, zwei Drittel sind in bäuerlichen Berufen tätig. Dienst- und abgabenpflichtige Bauern werden zur Bewirtschaftung der Grund- und Gutsherrschaften herangezogen, die adligen Grundherren, aber auch Klöstern und Städten gehören können. Allerdings unternimmt bereits der aufgeklärte Absolutismus Schritte zur Aufhebung der Erbuntertänigkeit und Leibeigenschaft. Der Fürstenstaat sucht auch seine zentralistischen Ansprüche gegenüber altständischen Positionen durchzusetzen, wobei er indes auf einen Adel stößt, der seine ländlichen Machtstellungen keineswegs freiwillig zu räumen gedenkt. Der Entwicklung von Handel und Gewerbe und der Erstarkung des sie tragenden städtischen Bürgertums setzten die zahlreichen Zollschranken, d.h. das Fehlen eines zusammenhängenden deutschen Binnenmarks, enge Grenzen. Die Gesellschaft ist ständisch gegliedert, wobei eine Aufweichung der sozialen Grenzen dadurch blockiert wird, dass die Festlegung der einzelnen Stände auf bestimmte berufliche Tätigkeiten zum Teil gesetzlich verankert ist. (...)
Dies ist auch die Ursache dafür, dass die Französische Revolution und ihre Auswirkungen die deutsche Gesellschaft unvorbereitet und gewissermaßen wehrlos antreffen. Die Napoleonischen Kriege lösen allerdings auch hier einen Schub sozialer Modernisierung aus, der zunächst – so im Fall der Reformen in den Rheinbundstaaten und in Preußen – Züge einer „Revolution von oben" trägt, freilich auch aufgrund wirtschaftlicher und demografischer Veränderungen – etwa der beschleunigten Bevölkerungsvermehrung – seine eigene Dynamik jenseits staatlicher Politik entfaltet. Global lässt sich dieser Prozess, der bis weit ins 19. Jahrhundert hineinreicht, als Auflösung der ständischen Sozialverfassung und Heraufkunft einer modernen bürgerlichen Gesellschaft beschreiben, die durch die rechtliche Gleichheit der Staatsbürger,

das Prinzip der Leistung anstelle des ständischen Merkmals der Geburt und die Herausbildung der durch ihren ökonomischen Status definierten sozialen Klassen gekennzeichnet ist.

Die unter den Ministerien Stein und Hardenberg seit 1807 durchgeführten preußischen Reformen sind die Schlussfolgerungen aus der Erkenntnis, dass sich bei Jena und Auerstedt nicht nur die französische Armee, sondern auch das revolutionäre Gesellschaftssystem dem alten absolutistischen Ständestaat überlegen gezeigt hat. (...)

Neben dem Gesetz zur Judenemanzipation und der Modernisierung im Bildungswesen ist eine weitere zukunftsträchtige Reform die 1810 eingeführte allgemeine Gewerbefreiheit, die das ständische Zunftsystem beseitigt und gemäß der liberalen Maximen von Adam Smith im Zeichen der durch staatliche Eingriffe nicht behinderten Initiative privater Unternehmer eine allgemeine Wirtschaftsbelebung heraufführen soll.

Die preußische Heeresreform schließlich, die die allgemeine Wehrpflicht einführt, macht den Versuch, „die Armee einer von allen ständischen Schranken befreiten bürgerlichen Gesellschaft zu schaffen“ (M. Botzenhart, 1985, S. 68). Ähnlich wie die Beamtenkarriere steht auch die Offizierslaufbahn Bürgerlichen offen, deren Konkurrenz sich der Adel stellen muss.

Die Reformen stoßen nicht überall auf Zustimmung. Insbesondere eine hochkonservative Fraktion der landbesitzenden Aristokraten, die ihre Privilegien gefährdet sieht, bekämpft sie erbittert als „revolutionär“. (...)

Die romantischen Autoren schreiben ihre Texte in einer Ära beschleunigten Erfahrungswandels, in der sich für unverbrüchlich gehaltene Ordnungen auflösen und neue Formen des politischen, gesellschaftlichen und kulturellen Lebens rasch herausbilden. Von Eichendorff existiert aus seinem letzten Lebensjahr (1857) eine Daguerreotypie, die daran erinnert, dass der Dichter, in der Abgeschiedenheit Oberschlesiens noch den Nachsommer der Rokoko-Kultur des 18. Jahrhunderts erlebt, zugleich einer Epoche angehört, die die Fotografie, die Eisenbahn, die Elektrizität und die Hochöfen hervorgebracht hat.

(1994)

X „Winterreisen"

Caspar David Friedrich (1774–1840): Eiche im Schnee, um 1827, Öl auf Leinwand

1 Hanspeter Padrutt: Der epochale Winter. Zeitgemäße Betrachtungen.

Hat Franz Schubert ... eine Winterreise gesehen, die unser aller Reise ist?
Singt die Winterreise einen epochalen Winter?

Wer fremd ist, ist ... unterwegs – hin zu Eigenem, vielleicht aber auch weg davon ... Eine Fremde, in der nicht nur der Wanderbursche ist, sondern in der auch wir sind, seit langem schon ...

Das Eis, das die unwirtlichen Städte bedeckt, wird von der Vernunft des „gesunden Menschenverstandes“ nicht aufgetaut werden.

... vielleicht ist die Romantik weder Verfall noch Flucht. Ist sie der epochale Spätherbst, kurz vor dem Novembersturm des „überhandnehmenden Maschinenwesens“, kurz vor dem Einbruch des epochalen Winters ...?

Ausgestoßen aus der Stätte des Wohnens, heimatlos, gottfern und frierend irrt das neuzeitliche Subjekt auf seiner epochalen Winterreise umher, isoliert und nur begleitet von seinem eigenen Schatten, der auf alle Dinge fällt, mit denen es zu tun hat.

„Ich hab an dich gedacht.“ *An-Denken.*
Der „Abschied“, der vom Wanderer im epochalen Winter verlangt wird, ist zugleich ein „Andenken“ an das Entzogene, ein schmerzlicher Gruß in ein „einst“, da nicht Winter war und vielleicht nicht Winter sein wird. Ein Andenken auch an dich die/der du einst kein animal rationale warst, die/der du einst vielleicht kein abgekapseltes Subjekt sein wirst, das mittels Kommunikation und Interaktion erst angebohrt werden muss. Ich hab an dich gedacht.
(1984)

2 Thomas Mann: Der Zauberberg, Schlusskapitel

Nachdem Hans Castorp, die Hauptfigur in Thomas Manns Roman „Der Zauberberg", sich viele Jahre den Anforderungen des Lebens in einem Schweizer Lungensanatorium entzogen hat, wird er jäh von der Realität eingeholt und mit den Schrecken des Ersten Weltkriegs (1914–1918) konfrontiert.

Da ist unser Bekannter, da ist Hans Castorp! Schon ganz von weitem haben wir ihn erkannt an seinem Bärtchen, das er sich am Schlechten Russentisch hat stehen lassen. Er glüht durchnässt, wie alle. Er läuft mit ackerschweren Füßen, das Spießgewehr in hängender Faust. Seht, er tritt einem ausgefallenen Kameraden auf die Hand, – tritt diese Hand mit seinem Nagelstiefel tief in den schlammigen, mit Splitterzweigen bedeckten Grund hinein. Er ist es trotzdem. Was denn, er singt! Wie man in stierer, gedankenloser Erregung vor sich hin singt, ohne es zu wissen, so nutzt er seinen abgerissenen Atem, um halblaut für sich zu singen:

„Ich schnitt in seine Rinde
So manches liebe Wort –"

Er stürzt. Nein, er hat sich platt hingeworfen, da ein Höllenhund anheult, ein großes Brisanzgeschloß, ein ekelhafter Zuckerhut des Abgrunds. Er liegt, das Gesicht im kühlen Kot, die Beine gespreizt, die Füße gedreht, die Absätze erdwärts. Das Produkt einer verwilderten Wissenschaft, geladen mit dem Schlimmsten, fährt dreißig Schritte schräg vor ihm wie der Teufel selbst tief in den Grund, zerplatzt dort unten mit grässlicher Übergewalt und reißt einen haushohen Springbrunnen von Erdreich, Feuer, Eisen, Blei und zerstückeltem Menschentum in die Lüfte empor. Denn dort lagen zwei, – es waren Freunde, sie hatten sich zusammengelegt in der Not: nun sind sie vermengt und verschwunden.

O Scham unserer Schattensicherheit! Hinweg! Wir erzählen das nicht! Ist unser Bekannter getroffen? Er meinte einen Augenblick, es zu sein. Ein großer Erdklumpen fuhr ihm gegen das Schienbein, das tat wohl weh, ist aber lächerlich. Er machte sich auf, er taumelte hinkend weiter mit erdschweren Füßen, bewusstlos singend:

„Und sei-ne Zweige rau-uschten,
Als rie-fen sie mir zu –“

Und so, im Getümmel, in dem Regen, der Dämmerung, kommt er uns aus den Augen.
Lebewohl, Hans Castorp, des Lebens treuherziges Sorgenkind! Deine Geschichte ist aus. Zu Ende haben wir sie erzählt; sie war weder kurzweilig noch langweilig, es war eine hermetische Geschichte (...)
(1924)

XI Rezeption

1 August Heinrich Hoffmann von Fallersleben: Schlafe! Was willst du mehr?

Melodie: O gib, vom weichen Pfühle[1].

Wo sind noch Würm' und Drachen,
Riesen mit Schwert und Speer?
Was kannst du weiter machen?
Schlafe! Was willst du mehr?

Du hast genug gelitten
Qualen in Kampf und Strauß;
Du hast genug gestritten –
Schlafe, mein Volk, schlaf aus!

Wo sind noch Würm' und Drachen,
Riesen mit Schwert und Speer?
Die Volksvertreter wachen:
Schlafe! Was willst du mehr?
(1840)

1 Vgl. S. 80.

2 Georg Herwegh: Wiegenlied

Schlafe, was willst du mehr?
Goethe

Deutschland – auf weichem Pfühle
Mach dir den Kopf nicht schwer!
Im irdischen Gewühle
Schlafe, was willst du mehr?

Lass jede Freiheit dir rauben,
Setze dich nicht zur Wehr,
Du behältst ja den christlichen Glauben:
Schlafe, was willst du mehr?

Und ob man dir alles verböte,
Doch gräme dich nicht zu sehr,
Du hast ja Schiller und Goethe:
Schlafe, was willst du mehr?

Dein König beschützt die Kamele
Und macht sie pensionär,
Dreihundert Taler die Seele:
Schlafe, was willst du mehr?

Es fechten dreihundert Blätter
Im Schatten, ein Sparterheer;
Und täglich erfährst du das Wetter:
Schlafe, was willst du mehr?

Kein Kind läuft ohne Höschen[1]
Am Rhein, dem freien, umher:
Mein Deutschland, mein Dornröschen,
Schlafe, was willst du mehr? –

(1843)

---

1 Ohne Höschen: Sansculotten (‚Ohnehose') hießen die französischen Revolutionäre.

3 Ingeborg Bachmann: Früher Mittag

Still grünt die Linde im eröffneten Sommer,
weit aus den Städten gerückt, flirrt
der mattglänzende Tagmond. Schon ist Mittag,
schon regt sich im Brunnen der Strahl,
schon hebt sich unter den Scherben
des Märchenvogels geschwundener Flügel,
und die vom Steinwurf entstellte Hand
sinkt ins erwachende Korn.

Wo Deutschlands Himmel die Erde schwärzt,
sucht sein enthaupteter Engel ein Grab für den Hass
und reicht dir die Schüssel des Herzens.

Eine Handvoll Schmerz verliert sich über den Hügel.

Sieben Jahre später
Fällt es dir wieder ein
am Brunnen vor dem Tore,
blick nicht zu tief hinein,
die Augen gehen dir über.

Sieben Jahre später,
in einem Totenhaus,
trinken die Henker von gestern
den goldenen Becher aus.
Die Augen täten dir sinken.

Schon ist Mittag, in der Asche
krümmt sich das Eisen, auf den Dorn
ist die Fahne gehisst, und auf den Felsen
uralten Traums bleibt fortan
der Adler geschmiedet.

Nur die Hoffnung kauert erblindet im Licht.

Lös ihr die Fessel, führ sie
die Halde herab, leg ihr
die Hand auf das Aug, dass sie
kein Schatten versengt!

Wo Deutschlands Erde den Himmel schwärzt,
sucht die Wolke nach Worten und füllt den Krater mit
Schweigen,
eh sie der Sommer im schütteren Regen vernimmt.

Das Unsägliche geht, leise gesagt, übers Land:
schon ist Mittag.

(1952)

4 Wolfgang Koeppen: Der Tod in Rom

In Wolfgang Koeppens Nachkriegsroman beobachtet der Ich-Erzähler den in Abwesenheit zum Tode verurteilten SS-General Judejahn, der im nächtlichen Rom unterwegs ist.

Er stand am Anfang der Via del Lavatore. Sie lag still und verlassen da. Die Nacht war lind. Doch vom Ende der dunklen Straße lockte Gesang.

Ich wollte das Fenster schließen, ich wollte die sonnenausgedörrten windverwundenen hölzernen Läden vor das Fenster klappen, ich wollte zuriegeln, denn nun war Babel zerstört, sie sprachen nicht mehr wie einst in Babel auf der Piazza der Fontana di Trevi, eine Sprache hatte sich durchgesetzt, und ein deutscher Frauenchor stand nun vor der Säulengrotte, stand vor den Göttern und Halbgöttern und Fabelwesen im barocken Gewand, stand vor der Stein gewordenen Mythe aus der alten Zeit, stand vor dem Wasser aus der römischen Wasserleitung, stand im Scheinwerferlicht des Fremdenverkehrs und im Kandelaberschein der Stadtbeleuchtung und sang „Am Brunnen vor dem Tore, da steht ein Lindenbaum", sang das Lied inmitten von Rom, sang es inmitten der Nacht, keine Linde rauschte, weit und breit wuchs kein Baum, aber sie unten am

Wasserbecken, sie blieben sich treu, blieben treu ihrem treuen Gemüt, sie erlebten ihren Lindenbaum, ihren Brunnen, ihr Vor-dem-Tor, eine erhabene Stunde, sie erlebten sie mit Gesang und hatten gespart und waren weit gereist, was konnte ich tun als die Fenster schließen, die hölzernen Läden zuklappen, (...) aber was konnte ich tun, sie sangen da unten alle Strophen des Lindenbaums, und ein Italiener, der schlafen wollte, schimpfte zu einem Fenster hinaus, und ein Mann, der zum Frauenchor gehörte und den Frauenchor bewunderte, schrie „Fresse, alter Makkaroni“, schrie „Fresse, alter Makkaroni“ zum unbekannten Fenster hinauf, was konnte ich tun, und ein Polizeiwagen kam und hielt beim Brunnen, und die Polizisten betrachteten staunend die singenden Frauen, und dann fuhren die Polizisten langsam weiter, verschwanden in einer Straße, was konnten sie tun, und ein Mann kam aus der Via del Lavatore und gesellte sich zu den Frauen und zu dem Mann, der „Fresse, alter Makkaroni“ gerufen hatte, und er war froh, sie zu finden, froh, sie getroffen zu haben. Er freute sich. Judejahn war dem Lied nachgegangen, dem deutschen Lied, und andächtig lauschte der mächtig gewesene Mann dem Gesang der deutschen Frauen, ihr Singen war Deutschland, ihr Singen war die Heimat, war „Am Brunnen vor dem Tore“, war der deutsche Lindenbaum, war alles, für das man lebte, kämpfte und starb. Er dachte nicht: und mordete. Judejahn hatte nie gemordet. Er war nur ein braver alter Kämpfer, und dies war Labsal für des braven alten Kämpfers Gemüt, war Musik, die in der Nacht die Seele erneuerte. Judejahn rief „Bravo“, als sie geendet hatten, und er trat näher zu ihnen und machte sich bekannt, wenn auch unter falschem Namen, und da sie in einer Reihe wie eine Truppe beim Appell standen, folgte er seinem Gefühl, hielt eine kleine Ansprache, redete vom erhabenen Gesang, historischer Stunde, deutschen Frauen, denkwürdiger Begegnung im Welschland, schönsten Gruß der Heimat im leider verräterisch gesonnenen Land der deutschen Sehnsucht, und sie verstanden ihn, sie begriffen ihn (...)

(1954)

5 Peter Rühmkorf: Auf eine Weise des Joseph Freiherrn von Eichendorff

In meinem Knochenkopfe
da geht ein Kollergang
der mahlet meine Gedanken
ganz außer Zusammenhang.

Mein Kopf ist voller Romantik,
meine Liebste nicht treu –
Ich treib in den Himmelsatlantik
und lasse Stirnenspreu.

Ach, wär ich der stolze Effendi,
der Gei- und Tiger hetzt,
Wenn der Mond, in statu nascendi,
seine Klinge am Himmel wetzt! –

Ein Jahoo, möcht' ich lallen
lieber als introvertiert
mit meinen Sütterlin-Krallen
im Kopf herumgerührt.

Ich möchte am liebsten sterben
im Schimmelmonat August –
Was klirren so muntere Scherben
in meiner Bessemer-Brust?!

(1962)

6 Katrine von Hutten: Die Liebe liebt das Wandern

Sie taucht auf aus heiterem
oder bewölktem Himmel
sie lässt sich nicht beschreiben
sie lässt sich nicht fotografieren
sie ist jedenfalls wetterunabhängig.

Sie entwaffnet oder beflügelt
oder bewaffnet oder entflügelt uns
sie nistet sich ein. Sie baut sich
aus unseren zwei Herzen ein schönes Nest.

Und Freitag oder Samstag
nach einem Monat oder vielen Jahren
ist der Vogel weg, der uns die Ohren
vollgesungen hat mit süßen
und giftigen Liedern und wir stehn da
befreit, ja wirklich schrecklich frei.
(1979)

Ulla Hahn
Ars poetica

Danke ich brauch keine neuen
Formen ich stehe auf
festen Versesfüßen und alten
Normen Reimen zu Hauf
zu Papier und zu euren
Ohren bring ich was klingen soll
Klingt mir das Lied aus den
Poren rinnen die Zeilen voll

und über und drüber und drunter
und drauf und dran und wohlan und
das hat mit ihrem Singen
die Loreley getan.
(1981)

Inhaltsverzeichnis

Textquellenverzeichnis

S.8f. „Joseph von Eichendorff : Aus dem Leben eines Taugenichts“, in: Joseph von Eichendorff, Werke in vier Bänden, hrsg. von Wolfdietrich Rasch, München: Hanser Verlag 1981, Bd. 3, S. 1061 f. **S.10f.** „Heinrich Heine“: Die Harzreise“, in: Heinrich Heine, Werke in fünf Bänden, Berlin/Weimar: Aufbau Verlag, Bd. 2, S. 213f. **S.12f.** „Justinus Kerner: Wanderlied“, In: Walter Killy (Hrsg.), Epochen deutscher Lyrik, Bd. 7. München: Deutscher Taschenbuchverlag 1970 **S.13/14/15** „Joseph von Eichendorff: Frische Fahrt/Frühlingsfahrt/Sehnsucht“, in: Eichendorff, a.a.O., Bd. 1 **S.16** „Ludwig Tieck: Sehnen nach Italien“, in: Lyrik Romantik, hrsg. von Hans-Heino Ewers, Stuttgart: Ernst Klett Verlag 1984 **S.17** „Joseph von Eichendorff: Täuschung“, in: Eichendorff, a.a.O, Bd. 1 **S.18** „August von Platen: Sonette auf Venedig“, in: Killy, a.a.O. **S.19** „Heinrich Heine: Neuer Frühling“, In: Heinrich Heine, Sämtliche Schriften in zwölf Bänden, hrsg. von Klaus Briegleb, München: Hanser Verlag 1995 **S.20f.** „Novalis: Hymne“, in: Novalis, Werke, hrsg. und komm. von Gerhard Schulz, München: C.H.Beck Verlag 1969 **S.22f.** „August Wilhelm Schlegel: Totenopfer“, in: Killy, a.a.O. **S.24** „Bonaventura: Lied“, in: Killy, a.a.O. **S.25** „Heinrich Heine: Neuer Frühling“, in: Heine, a.a.O. **S.26f.** „Clemens Brentano: Abendständchen/Singet leise, leise/ Hörst du, wie die Brunnen rauschen“, in: Clemens Brentano, Gedichte, hrsg. von Wolfgang Frühwald u.a., München: Hanser Verlag 1968 **S.27** „Joseph von Eichendorff: Schweigt der Menschen laute Lust“, in: Eichendorff, a.a.O., Bd. 1 **S.28** „Novalis: Hymne an die Nacht“, in: Novalis, a.a.O. **S.30f.** „Clemens Brentano: Sprich aus der Ferne“, in Brentano, a.a.O. **S.31/32** „Joseph von Eichendorff: Mondnacht/Der Einsiedler“, in: Eichendorff, a.a.O., Bd. 1 **S.33/34** „Heinrich Heine, Der Tod/Still ist die Nacht/Die Stadt“, in: Heine, a.a.O. **S.35** „Joseph von Eichendorff: In Danzig“, in: Eichendorff, a.a.O., Bd. 1 **S.36f.** „Joseph von Eichendorff: Gedichte“, in: Eichendorff, a.a.O., Bd. 1 **S.38** „Eduard Mörike: In der Frühe“, in: Eduard Mörike, Sämtliche Werke in vier Bänden, hrsg. von Herbert G. Göpfert, München: Hanser Verlag 1981, Bd, 1 **S.39** „Ludwig Uhland: Frühlingsglaube“, in: Karl Otto Conrady (Hrsg.), Gedichte der deutschen Romantik, München: Artemis und Winkler 1994 **S.39** „Joseph von Eichendorff: Frühlingsgruß“, in: Eichendorff, a.a.O., Bd. 1 **S.40** „Eduard Mörike: Im Frühing“, in: Mörike, a.a.O. **S.41** „Heinrich Heine: Mein Herz, mein Herz“, in: Heine, a.a.O. **S.42f.** „Ludwig Tieck: Wunder der Liebe“, in: Gedichte der Romantik, hrsg. von Wolfgang Frühwald, Stuttgart: Reclam Verlag 1984 **S.44/45** „Clemens Brentano: Die Seufzer des Abendwinds wehen/Wenn die Sonne weggegangen“, in: Brentano, a.a.O. **S.46/47/48/49** „Karoline von Günderode: Die eine Klage/Der Kuss im Träume/Ist alles stumm und leer/Liebe“, in: Karoline von Günderode, Gedichte, hrsg. von Franz Josef Görtz, Frankfurt a. M.: Insel Verlag **S.50/51** „Eduard Mörike: Peregrina/Früh im Wagen“, in: Mörike, a.a.O., Bd. 1 **S.52/53** „Heinrich Heine: Sie saßen und tranken/Die Jahre kommen und gehen“, in: Heine, a.a.O. **S.53** „Franz Grillparzer: Licht und Schatten“, in: Killy, a.a.O **S.54** „Karl Rottmanner: Auf ein Gemälde“, in: Killy, a.a.O. **S.55/56** „Joseph von Eichendorff: Der Blick/An Luise“, in: Eichendorff, a.a.O., Bd. 1 **S.56** „Adelbert von Chamisso: Frauenliebe und -leben“, in: Adelbert von Chamisso, Werke, hrsg. von Max Sydow, Berlin: Bong und Co. 1907 **S.57/58/59** „Joseph von Eichendorff: Der Schiffer/WaldgesprächDer stille Grund“, in: Eichendorff, a.a.O., Bd. 1 **S.60ff.** „Clemens Brentano: Zu Bacharach am Rheine“, in: Brentano, a.a.O. **S.64** „Otto von Loeben: Der Lurleyfelsen“, in: Conrady, a.a.O. **S.65** „Heinrich Heine: Ich weiß nicht was soll es bedeuten“, in: Heine, a.a.O. **S.66f./68f.** „Gedichte aus des Knaben Wunderhorn“, in: Des Knaben Wunderhorn. Alte deutsche Lieder, gesammelt und Achim von Arnim u. Clemens Brentano, hrsg. von Heinz Rölleke, Frankfurt a. M.: Insel Verlag 2003 **S.70** „Clemens Brentano: Der Spinnerin Nachtlied“, in: Brentano, a.a.O. **S.71** „Eduard Mörike: Das verlassene Mägdlein“, in: Mörike, a.a.O., Bd. 1 **S.72/73** „Joseph von Eichendorff: Das zerbrochene Ringlein/Zwielicht“, in: Eichendorff, a.a.O., Bd. 1 **S.74** „Novalis: Wenn nicht mehr Zahlen und Figuren“, in: Novalis, a.a.O. **S.75** „Joseph von Eichendorff: Das Bilderbuch/Wünschelrute“, in: Eichendorff, a.a.O., Bd. 1 **S.76/77** „Clemens Brentano; Was reif in diesen Zeilen steht/Wenn der lahme Weber träumt“, in: Brentano, a.a.O. **S.78/79** „Heinrich Heine: Auf meiner Herzliebsten Äugelein/Und als ich euch meine Schmerzen geklagt/Oh mein gnädiges Fräulein/Wahrhaftig“, in: Heine, a.a.O. **S.80** „Johann Wolfgang von Goethe: Nachtgesang“, in: Killy, a.a.O. **S.81/82**„Joseph von Eichendorff: Ach, von dem weichen Pfühle/Mahnung“, in: Eichendorff, a.a.O., Bd. 1 **S.83** „Otto von Loeben: Das Mittelalter“, in: Conrady, a.a.O. **S.84** „Ernst Moritz Arndt: Lied der Rache“, in: Killy, a.a.O. **S.85** „Friedrich Rückert: Geharnischte Sonette“, in: Killy, a.a.O. **S.86** „Theodor Körner: Abschied vom Leben“, in: Killy, a.a.O. **S.87** „Adelbert von Chamisso: Der Invalid im Irrenhaus“, in: Killy, a.a.O. **S.88f.** „Heinrich Heine: Nach Frankreich zogen“, in: Heine, a.a.O. **S.90f.**„Adelbert von Chamisso: Nacht und Winter“, in: Chamisso, a.a.O. **S.92/93/94** „Wilhelm Müller: Die Winterreise“ in: Wilhelm Müller, Die Winterreise/Die schöne Müllerin, Zürich: Diogenes 1991 **S.95** „Heinrich Heine: Neuer Frühling“, in: Heine, a.a.O. **S.96** „Wilhelm Müller: Tränenregen", in Müller, a.a.O. **S. 97/98** „Heinrich Heine: Fragen/Nun ist es Zeit", in: Heine, a.a.O. **S. 101** „Haus zu verkaufen" Copyright Thomas Kopfermann/Joachim Bark **S. 102** „Lienhard Wawrzyn: Sind Sie romantisch?", in: Lienhard Wawrzyn (Hrsg.), 99 romantische Gedichte, Berlin: Wagenbach 1978, S. 115 **S. 103** „Zur Wortgeschichte des Begriffs", in: Joachim Bark u.a., Lehrerband „Passagen", Leipzig: Ernst Klett Schulbuchverlag 2003, S. 65 **S. 104ff.** „Ludwig Richter: Aufbruch nach Italien", in: Ludwig Richter, Texte aus den „Lebenserinnerungen eines deutschen Malers" den Jugendtagebüchern und den Jahresheften. Mit einem Nachwort von Hans Joachim Neidhardt, Leipzig: Edition Leipzig 1976, S. 25, 29f. **S. 106** „Joseph von Eichendorff: Aus dem Leben eines Taugenichts", in: Eichendorff, a.a.O., Bd. 3, S. 1061 **S. 107** „Wilhelm Waetzoldt: Das klassische Land", in: Wilhelm Waetzoldt, Das klassische Land, Leipzig: E.A. Seemann Verlag 1927, S. 4f. **S. 108f.** „Novalis: Die Christenheit oder Europa", in: Novalis, a.a.O. **S. 111** „Heinrich Heine: Im Dom von Trient", in Heinrich Heine, Werke in 5 Bänden, Berlin/Weimar: Aufbau Verlag 1968, Bd. 3, S. 181f. **S. 112** „August Wilhelm Schlegel: Tag und Nacht", in: Romantik I. Die deutsche Literatur in Text und Darstellung, Stuttgart: Reclam Verlag 2003, S. 30f. **S. 113** „Gotthilf Heinrich Schubert: Die Sprache des Traumes", in: Romantik I, a.a.O, S. 273 **S. 116ff.** „Christa Wolf: Der Kuß im Träume", in: Karoline von Günderrode, Der Schatten eines Traumes. Hrsg. von Christa Wolf, Darmstadt/Neuwied: Luchterhand Verlag 1979, S. 18ff. Copyright Buchverlag Der Morgen, Berlin/DDR 1979 **S. 120f.** „Clemens Brentano an Sophie Mereau", in: Dagmar von Gersdorff (Hrsg.), Lebe der Liebe und liebe das Leben. Der Briefwechsel von Clemens Brentano und Sophie Mereau, Frankfurt a. M.: Insel Verlag 1981, S. 94f. **S. 124** „Joseph von Eichendorff: Ahnung und Gegenwart", in: Eichendorff, a.a.O. Bd. 2, S. 658 f. **S. 126f.** „Achim von Arnim: Nachschriften", in: Achim von Arnim/Clemens Brentano, Des Knaben Wunderhorn, München: Winkler Verlag 1974, S. 887 u. 893 **S. 128f.** „Clemens Brentano: Die Chronika des fahrenden Schülers", in: Clemens Brentano, Werke in vier Bänden, hrsg. von Friedhelm Kemp und Wolfgang Frühwald, München, Hanser Verlag 1965, Bd. 3, S. 647 **S. 130** „J.W. v. Goethe, Gretchens Stube", in Johann Wolfgang von Goethe, Faust I, Ernst Klett Verlag: Leipzig 2003, S. 110f. **S. 131** „Hans Jakob Christoffel von Grimmelshausen: Der abenteuerliche Simplicissimus", in: Hans Jakob Christoffel von Grimmelshausen, Der abenteuerliche Simplicissimus", München: Winkler 1971, S. 22f. **S. 132 f.** „Richard Alewyn: Der Spinnerin Lied", in: Richard Alewyn, Probleme und Gestalten. Essays, Frankfurt a.M.: Insel Verlag 1974, S. 198ff. **S. 134f.** „Friedrich Schlegel: 116. Athenäum-Fragment", in: Romantik I, a.a.O., S. 22f. **S. 135** „Novalis: Die Welt muss romantisiert werden", in: Novalis, Romantik I, a.a.O., S. 57 **S. 136** „Wilhelm Heinrich Wackenroder: Die zwei Sprachen", in Romantik I, a.a.O., S. 85ff. **S. 138f.** „Georg Friedrich Wilhelm Hegel: Vorlesungen über die Ästhetik", in: Georg Friedrich Wilhelm Hegel, Ästhetik I/II, Stuttgart: Reclam Verlag 1994 **S. 140/141** „Wolfgang Frühwald: Die Kontextbindung romantischer Lyrik", in: Neues Handbuch der Literaturwissenschaft, Bd. 14, Wiesbaden: Verlag Athenaion 1982, S. 357 f. **S. 144f.** „Markus Schwering: Staat und Gesellschaft", in: Helmut Schanze (Hrsg.), Romantik-Handbuch, Stuttgart: Alfred Kröner Verlag 1994, S. 24f. **S. 147** „Hanspeter Padrutt: Der epochale Winter", in: Hanspeter Padrutt, Der epochale Winter, Zeitgemäße Betrachtungen, Zürich: Diogenes Verlag 1990, S. 234, 238, 247, 256, 257, 273 **S. 148f.** „Thomas Mann: Der Zauberberg", in: Thomas Mann, Der Zauberberg, Frankfurt a.M.: S. Fischer Verlag 1968, S. 745f. **S. 150** „Hoffmann von Fallersleben: Schlafe! Was willst du mehr", in: Killy, a.a.O. **S. 151** „Georg Herwegh: Wiegenlied", in: Killy, a.a.O. **S. 152** „Ingeborg Bachmann: Früher Mittag", in: Ingeborg Bachmann, Sämtliche Gedichte, München: Piper Verlag 1978 **S. 153 f.** „Wolfgang Koeppen: Der Tod in Rom", in: Wolfgang Koeppen, Der Tod in Rom, Frankfurt a.M.: Suhrkamp Verlag 1982, S. 78ff. **S. 155** „Peter Rühmkorf: Auf eine Weise ...", in: Peter Rühmkorf, Gesammelte Gedichte, Reinbek: Rowohlt Verlag 1976 **S. 156** „Katrine von Hutten: Die Liebe liebt das Wandern", in: Aber besoffen bin ich von dir. Liebesgedichte, hrsg. von Jan Hans. Copyright 1979 by Rowohlt Taschenbuch Verlag, Reinbek bei Hamburg **S. 156** „Ulla Hahn: Ars poetica", in: Ulla Hahn, Herz über Kopf, Stuttgart: Deutsche Verlags-Anstalt 1981

Bildquellenverzeichnis

Umschlag/S. 99: Visum (Oliver Jaeckel/buchcover.com), Hamburg. **S. 7:** AKG, Berlin. **S. 90:** AKG, Berlin/Kunsthalle, Hamburg. **S. 100:** (Wassily Kandinsky) AKG, Berlin/(c) VG Bild-Kunst, Bonn 2007. **S. 106:** BPK (Scala), Berlin. **S. 110/114/142.2:** AKG (Erich Lessing), Berlin. **S. 115:** BPK (Hamburger Kunsthalle / Christoph Irrgang), Berlin. **S. 118:** AKG, Berlin. **S. 122:** Artothek (Peter Willi), Weilheim. **S. 123/126/127/142.1/143:** AKG, Berlin. **S. 146:** BPK (Nationalgalerie, SMB/ Jörg P. Anders), Berlin.

Nicht in allen Fällen war es uns möglich, den Rechteinhaber ausfindig zu machen. Berechtigte Ansprüche werden selbstverständlich im Rahmen der üblichen Vereinbarungen abgegolten.